AF174404

POEMAS ESCOGIDOS

Ramón López Velarde

POEMAS ESCOGIDOS

Selección y estudio de Xavier Villaurrutia

Edición y presentación
de
Alfonso García Morales

RENACIMIENTO
SEVILLA • MMXXIV

© Presentación y edición: Alfonso García Morales
© Selección y estudio: Herederos de Xavier Villaurrutia
© 2024. Editorial Renacimiento

www.editorialrenacimiento.com
POLÍGONO NAVE EXPO, 17 • 41907 VALENCINA DE LA CONCEPCIÓN (SEVILLA)
tel.: (+34) 955998232 • editorial@editorialrenacimiento.com

Diseño de cubierta: Marie-Christine del Castillo

DEPÓSITO LEGAL: SE 2353-2024 • ISBN: 978-84-10148-98-7
Impreso en España • Printed in Spain

RAMÓN LÓPEZ VELARDE EN XAVIER VILLAURRUTIA. LA CRÍTICA COMO AUTOCRÍTICA

Alfonso García Morales

1. Ramón López Velarde, devoción y zozobra

Ramón López Velarde (Jerez, Zacatecas, 1888 - Ciudad de México, 1921) hizo de la poesía una intensa exploración verbal y espiritual mediante la que trató de descubrir y dar forma a su alma llena de contradicciones y conflictos. Su obra breve, compleja e inconfundiblemente personal llevó al límite el lenguaje literario de su tiempo, cerró el modernismo de fin de siglo XIX e inauguró la poesía mexicana contemporánea.

Las primeras y nunca olvidadas experiencias de López Velarde pertenecen a la provincia tradicional y católica: la villa de Jerez, la casa familiar con su patio y su pozo, el tiempo sin tiempo del calendario litúrgico, el Santuario presidido por la Virgen de la Soledad, la Plaza de Armas donde los vecinos pasean sus pequeños dramas, estudios en los seminarios de Zacatecas y Aguascalientes, aprendizaje de la Biblia y el catecismo, lecturas de poesía clásica y decimonónica, primeros poemas y prosas en la prensa conservadora, rechazo hacia todas las formas de la modernidad, ya fuera el liberalismo jacobino, el protestantismo yanqui, el positivismo porfirista, la revolución social o el modernismo literario. Un mundo de inocencia infantil, de ortodoxia mental y moral, siempre amenazado y pronto perdido, recordado con nostalgia idealizadora, ironía y culpa, al que nunca renunció pero al que, sabía, nunca podría en realidad regresar. Un mundo personificado en su primer e imposible amor por Josefa de los Ríos, una pariente lejana, ocho años mayor que él, una jerezana piadosa y recatada a la que daría el nombre poético de «Fuensanta». Edén, refugio y prisión, López Velarde mantuvo con la provincia-Fuensanta una relación fija de dependencia y rebeldía, devoción y profanación, alejamientos y retornos reales e imaginarios. Al otro lado estaban el sexo, la ciudad, las libertades y promesas, incertidumbres y abismos de la adultez, que lo atraían con tanta fuerza como lo asustaban.

En 1908 se trasladó a San Luis Potosí, ingresó en la carrera de Leyes, comenzó a leer y asimilar por su cuenta el modernismo poético (*En voz baja,* 1909, de Amado Nervo; *Poemas de provincia*, 1910, de Andrés González Blanco) y se dejó arrastrar por la peligrosa y pronto decepcionante pasión política. Fue de los primeros en adherirse a la causa de Francisco I. Madero, pero tras el triunfo de este no obtuvo la recompensa que posiblemente esperaba. En 1912 militó y puso su pluma de periodista al servicio del Partido Católico Nacional, del que supo alejarse poco antes de la Decena Trágica y de que sus correligionarios se plegaran a colaborar con la contrarrevolución de Victoriano Huerta. Vivió con angustia la guerra de facciones revolucionarias y sus secuelas anticlericales, y tras el año terrible de 1915 reapareció, ya instalado definitivamente en la capital y transformado personal y literariamente. Se acercó al carrancismo triunfante, ocupó pequeños puestos burocráticos, participó en la reanimada vida cultural y emprendió su verdadero camino poético.

Entre sus nuevas lecturas estaba el audaz y polifacético modernista argentino Leopoldo Lugones, a quien, tras la muerte de Rubén Darío, López Velarde consideraba «el poeta sumo» en español. De él aprendió la ambición, la intransigencia, la «lujuria del oficio», la voluntad de evitar los lugares comunes, el uso poético de la ironía y la disonancia, el vocabulario inusual, la imagen sorprendente y la rima humorística. Aunque López Velarde era más serio, sentimental y religioso, menos versátil, acrobático y caprichoso que Lugones, este fue un modelo fundamental, que lo llevó hasta Laforgue y Baudelaire, y lo ayudó a descubrirse a sí mismo, a forjarse un lenguaje propio con el que indagar sus obsesiones en torno al amor, la religiosidad y la muerte.

En 1916 publicó *La sangre devota*, un homenaje a la provincia lejana y a la espiritual y frágil Fuensanta. La calidad de este primer poemario es desigual, pues reúne poemas de épocas distintas. Los más tempranos no pasan de desmañados ejercicios románticos y sentimentales, los posteriores a 1915 son más hábiles, sensuales y maliciosos. En «Tenías un rebozo de seda...» la evocación nostálgica de Fuensanta se rompe con un inciso burlón entre paréntesis, en el que el poeta declara el cambio que ha sufrido a partir de su entrada en el mundo y de su descubrimiento de los sentidos y la nueva literatura: «(En abono de mi sinceridad / séame permitido un alegato: / entonces era yo seminarista / sin Baudelaire, sin rima y sin olfato)»[1]. López Velarde empieza a expresar su conflictiva modernidad cuando, vuelto sobre sí mismo, se pregunta por el sentido mismo de su devoción por Fuensanta: «En las alas oscuras de la racha cortante / me das, al mismo tiempo, una pena y un goce: / algo como la helada virtud de un seno blando, / algo en que se confunden el cordial refrigerio / y el glacial desamparo de un lecho de doncella»[2]. Cuando, desdoblado entre el pasado y el presente, la inocencia y la experiencia, el cielo y el infierno, mezcla intencionadamente emoción y distancia, y pasa de la elevación lírica a la caída prosaica: «Siempre que inicio un vuelo / por encima de todo, / un demonio sarcástico maúlla / y me devuelve

---

1. López Velarde, Rámón: «Tenías un rebozo de seda», *La sangre devota*, *Obra poética (verso y prosa)*, ed. Alfonso García Morales, México, UNAM, 2016, p. 169.

2. «En las tinieblas húmedas...», *Ibid.*, p. 186.

al lodo»[3]. A partir de aquí fue poniendo en sus poemas y prosas una osadía y una responsabilidad, una libertad y una conciencia cada vez más acuciosas y viscerales: «Yo anhelo expulsar de mí cualquiera palabra, cualquiera sílaba que no nazca de la combustión de mis huesos»[4]; «El sistema poético hase convertido en sistema crítico. Quien sea incapaz de tomarse el pulso a sí mismo, no pasará de borrajear prosas de pamplina y versos de cáscara»[5].

El panorama poético de esos años en México estaba dominado por la poesía reflexiva, moral, grave y mesurada de Enrique González Martínez, el autor del soneto «Tuércele el cuello al cisne», a quien la autoridad crítica de Pedro Henríquez Ureña proclamó el «dios mayor» del último parnaso modernista mexicano. López Velarde se convirtió en la primera y más polémica alternativa a la hegemonía de González Martínez, con quien este y los discípulos de este mantuvieron una sorda pero dura pugna. Poco después y por caminos diferentes y exteriores, José Juan Tablada también se desprendió del modernismo de época, naturalizando el haikú e introduciendo la poesía visual.

3. «Un lacónico grito…», *Ibid.*, p. 226.
4. «La derrota de la palabra» (1916), *Don de febrero y otras crónicas*, *Obras*, ed. José Luis Martínez, México, FCE, 1994, p. 443.
5. «La corona y el cetro de Lugones» (1916), *Ibid.*, p. 528.

Zozobra (México, México Moderno, 1919) es el poemario de madurez de López Velarde. Su título sintetiza la fatal dualidad entre la formación tradicional y la inquietud contemporánea, y las difíciles experiencias sufridas durante la Revolución. El libro guarda cierto orden simbólico. Se abre con «Hoy como nunca», una despedida aparentemente definitiva de Josefa de los Ríos, quien murió en Ciudad de México en 1917. Y se cierra con «Humildemente», en el que el poeta sueña que, antes de morir, vuelve como un hijo pródigo a los orígenes, al orden y la paz del Jerez católico de la infancia: «Cuando me sobrevenga / el cansancio del fin, / me iré, como la grulla / del refrán, a mi pueblo, / a arrodillarme entre / las rosas de la plaza, / los aros de los niños / y los flecos de seda de los tápalos»[6]. Entre uno y otro, las oscilaciones de una conciencia en crisis: sus momentos de liberación y encierro, de gozo, contrición y miedo; su nuevo, vehemente y finalmente fracasado amor por Margarita Quijano, «la dama de la capital»; su perpetuo asombro, pasión y congoja ante la vida.

Mi corazón, leal, se amerita en la sombra. / Yo lo sacara al día, como lengua de fuego / que se saca de un ínfimo purgatorio a la luz; / y al oírlo batir su cárcel, yo me anego / y me hundo en la ternura remordida de un padre / que siente,

6. «Humildemente...», *Zozobra*, *Obra poética (verso y prosa)*, ed. cit., p. 324.

entre sus brazos, latir un hijo ciego. // Mi corazón, leal, se amerita en la sombra. / Placer, amor, dolor... todo le es ultraje / y estimula su cruel carrera logarítmica, / sus ávidas mareas y su eterno oleaje[7].

Después del asesinato de Carranza en 1920, López Velarde, sin empleo y con madre y hermanas que mantener, no tuvo más remedio que sumarse discretamente al llamamiento que José Vasconcelos, el carismático Secretario de Educación durante la presidencia de Obregón, hizo a los intelectuales y artistas para participar en la reconstrucción de México. Deprimido y tal vez enfermo, escribió los que serían sus últimos poemas, en los que volvió a refugiarse imaginariamente en la provincia-Fuensanta. Entre ellos está «La suave Patria», que constituye, junto al ensayo «Novedad de la Patria», su particular contribución al Centenario del fin de la Independencia en 1921, la más célebre plasmación de su idea de «lo criollo neto», de «lo mexicano decoroso», en el que entona con «épica sordina» un inventario no histórico o heroico, sino íntimo, sensual y sentimental de paisajes, mitos y costumbres de la patria. Esta es concebida amorosamente como una mujer provinciana y mestiza («con tu mirada de mestiza, pones / la inmensidad sobre los corazones»), cuya verdadera e irrenunciable identidad hace residir en el catolicismo, el único factor

_____

7. «Mi corazón se amerita», *Ibid.*, p. 266.

que consideraba capaz de dar unidad y continuidad a México y salvarlo de la absorción estadounidense: «Patria, te doy de tu dicha la clave: / sé siempre igual, fiel a tu espejo diario»[8]. Los acontecimientos inmediatos convirtieron este poema, en el que López Velarde logró expresar lo que para él era «la médula graciosa» y «guadalupana» de México, en una suerte de testamento y de no siempre entendido segundo himno nacional.

Su temprana e inesperada muerte el 19 de junio de 1921, recién cumplidos los treinta y tres años, lo consagró como el primer mito literario del México posrevolucionario. Dos libros póstumos, no del todo acabados, ayudaron a prolongar su fama: *El minutero* (México, Murguía, 1923) y *El son del corazón* (México, Bloque de Obreros Intelectuales, 1932), que continúan y completan *Zozobra*. El primero, de excelentes prosas poéticas, muchas de ellas auténticos poemas en prosa, habla con renovada intensidad y sutileza de «la invencible inquietud», de la «sorda batalla entre el criterio pesimista y la gracia de Eva», de lo que maniquea o baudelerianamente define como «la simultaneidad sagrada y diabólica del universo»[9]. Entre los poemas de *El son del corazón* impresionan aquellos que introducen el presentimiento de la propia muerte y en los que una Fuensanta espectral reaparece y llama al poeta. En el misterioso e inacabado «El sueño de los guantes negros» este

8. «La suave Patria», *Ibid.*, p. 374.
9. «José de Arimatea», *El minutero*, *Ibid.*, p. 461.

acude a su boda con ella en el más allá, fundiendo definitivamente religiosidad, amor y muerte.

> Soñé que la ciudad estaba dentro / del más bien muerto de los mares muertos. / Era una madrugada del invierno / y lloviznaban gotas de silencio. // No más señal viviente que los ecos / de una llamada a misa, en el misterio / de una capilla oceánica, a lo lejos. // De súbito me sales al encuentro, / resucitada y con tus guantes negros (…)[10].

En México la figura de López Velarde, el joven poeta muerto, antimoderno y moderno, católico y maderista, provinciano y baudeleriano, devoto y sacrílego, ortodoxo y herético, tímido y audaz, vitalista y fúnebre, mexicanista e íntimo, se convirtió en una leyenda expuesta a simplificaciones, apropiaciones y manipulaciones, pero la verdad y el secreto de su poesía sobrevivieron en el favor de generaciones de lectores y poetas.

2. Xavier Villaurrutia, crítico y antólogo de López Velarde

El mito de Ramón López Velarde no escapó a los debates culturales del México posrevolucionario y durante las dos

---

10. «El sueño de los guantes negros», *Ibid.*, p. 364.

décadas siguientes a su muerte, su herencia literaria estuvo fuertemente disputada. Frente a la imagen fomentada por el Estado y los intelectuales revolucionarios y nacionalistas de un López Velarde «poeta nacional», autor de «La suave Patria» y descubridor de la provincia y el nuevo México, los poetas del grupo Contemporáneos reivindicaron en minoría la imagen de un López Velarde «moderno», autor de *Zozobra*, iniciador a contracorriente de la nueva poesía mexicana de la que ellos se consideraban los legítimos representantes.

Xavier Villaurrutia (Ciudad de México, 1903-1950) fue uno de los miembros más destacados de Contemporáneos. Defensor junto a sus compañeros de una concepción universalista y autónoma de la literatura frente a los reclamos nacionalistas y políticos de la cultural oficial durante el callismo y el cardenismo, tachado, como ellos, de burgués, extranjerizante y «afeminado», la obra de Villaurrutia une indisociablemente creación y crítica, y es fruto de una afinada sensibilidad, inteligencia y cultura. Una obra coherente, que gira en torno a unas pocas ideas, motivos y figuras casi obsesivas, que madura a base de variaciones, matizaciones y ampliaciones progresivas, siempre la misma y siempre otra, siempre a la búsqueda del autoconocimiento y de su lugar como poeta en la tradición moderna mexicana y occidental.

Si hay una figura a la que dedicó una atención especialmente constante fue López Velarde. La lectura que hizo de él constituyó, como dice Rosa García Gutiérrez, una «exaltación emblemática o simbólica», «motivada por lo que Villaurrutia vio que López Velarde representaba para la tradición literaria mexicana» y «construida a partir de una selección muy concreta de poemas»[11]. Una lectura con un sesgo claramente reivindicativo, que cabe entender en primera instancia como parte de la batalla interpretativa en torno a López Velarde que enfrentaba a nacionalistas y Contemporáneos, pero que va más allá de eso. Pese a lo mucho que separaba a Villaurrutia de López Velarde —la conflictiva pertenencia de aquel al México posrevolucionario, el impacto que sobre él tuvieron las vanguardias, en especial el surrealismo, o su propia condición homosexual—, vamos a ir viendo cómo ensayo tras ensayo, antología tras antología, al profundizar y explicar al otro, Villaurrutia fue explicándose a sí mismo en un sentido esencial.

La obra crítica de Villaurrutia arranca con la conferencia «La poesía de los jóvenes de México» (1924), en la que, para presentar a su «grupo sin grupo», toma pie en el relato sobre la poesía mexicana inmediatamente anterior, concretamente en el dictamen de Henríquez Ureña sobre González Martínez como «dios mayor» del modernismo, y añade que, frente a

11. Rosa García Gutiérrez, «La poesía de Xavier Villaurrutia», en Xavier Villaurrutia, *Obra poética*, Madrid, Hiperión, 2006, pp. 27-29. Para todo lo referente a Villaurrutia sigo las informaciones e ideas de este estudio y edición crítica fundamentales, a los que remito al lector.

este, López Velarde y Tablada representaron la pareja rebelde y fundadora de la nueva poesía:

> Si Enrique González Martínez era, hacia 1918, el dios mayor y casi único de nuestra poesía (…), necesitamos nuevamente de Adán y de Eva que vinieran a darnos con su rebelión, con su pecado, una tierra nuestra de más amplios panoramas, de mayores libertades; una tierra que ver con nuestros propios ojos. La fórmula será: Adán y Eva= Ramón López Velarde y José Juan Tablada[12].

Una fórmula brillante, ya insustituible, que tendría múltiples reformulaciones en la crítica mexicana posterior. Sin embargo, no está de más subrayar que si bien Villaurrutia empareja a López Velarde y Tablada por su función histórica, como liberadores de la tradición modernista y padres de la poesía mexicana del siglo XX, no los pone en el mismo nivel estético. Y esto, que es ya apreciable por las connotaciones sexistas de su metáfora, se acentuará. Villaurrutia perdió pronto el interés por el curioso, inquieto, tentador, superficial Tablada, mientras que nunca dejó de interesarse por el original, inquietante, profundo, irrepetible y para él literalmente «inagotable» López Velarde. De hecho, Villaurrutia nunca

---

12. Xavier Villaurrutia, «La poesía de los jóvenes de México», *Obras*, México, FCE, 1974, p. 825.

dejó de retocar el primer retrato que hizo de este en «La poesía de los jóvenes de México». Allí lo presentó como un «Adán inocente y confiado», como un «claro poeta católico», de complejidades verbales más que espirituales, caracterización que invertirá en el futuro, cuando incida en su conciencia y complejidad espiritual y poética; allí también distinguió entre sus falsos imitadores y sus verdaderos seguidores, como seguirá haciendo siempre; y allí terminó refiriéndose a «La suave Patria» como «nuestro gran poema criollo», modelo de «poesía personal y mexicana a un tiempo», un poema sobre el que, sin embargo, pronto empezará a sentir dudas[13].

Dentro de la provocadoramente revisionista, autopromocional y muy controvertida *Antología de la poesía mexicana moderna* (México, Contemporáneos, 1928), urdida por el entonces «grupo con grupo» de Contemporáneos y firmada por Jorge Cuesta, la nota de presentación de López Velarde suele atribuirse a Villaurrutia, aunque no puede descartarse que sea de Cuesta o sea también de Cuesta. Este es un punto que hoy por hoy no admite un esclarecimiento total. Y que me sirve para recordar que entre los miembros de Contemporáneos hay acuerdos esenciales pero también matices diferenciales en la concepción de la poesía y concretamente sobre López Velarde. Respecto a este, posiblemente Villaurrutia y

---

13. *Ibid.*, pp. 825-827.

Cuesta sean, pese a sus diferencias, los de criterios más cercanos[14]. La nota en cuestión entra ya a disputarle el mito de López Velarde a sus primeros intérpretes e imitadores, a los superficiales, fáciles «prosélitos» mexicanistas, incapaces de advertir que la «verdadera conquista» de aquel «no era la ambicionada *alma nacional*, sino la suya propia»[15]. Por el contrario, la más difícil, tardía y verdadera herencia de López Velarde pertenece a los pocos, los mejores, aquellos que han sabido penetrar en su «personalidad profunda», lo que es tanto como decir que les pertenece a ellos. La selección, exigente pero representativa, deja fuera *La sangre devota* y se centra en *Zozobra*: «Mi corazón se amerita», «Tierra mojada», «El retorno maléfico», «Todo», poemas que Villaurrutia considerará siempre de los «más complejos y enigmáticos» de López Velarde; más el macabro y erótico «Te honro en el espanto», que señalará como de los más afines a Baudelaire, y termina con «La suave Patria», sobre el que recaían lo que Cuesta llamaba «sombras» de popularidad extraliteraria, sombras que, creo, son las que irán llevando a Villaurrutia a distanciarse de él y a terminar excluyéndolo de otras selecciones. Nada

---

14. Cfr. la recopilación de Marco Antonio Campos (ed.), *Ramón López Velarde visto por los Contemporáneos*, México, Instituto Zacatecano de Cultura, 2008.

15. «Ramón López Velarde», en Jorge Cuesta, *Antología de la poesía mexicana moderna*, México, FCE, 1985, p. 123.

aún, ni siquiera una cita en la bibliografía del autor, de *El minutero*.

En 1935, tres años después de la publicación de *El son del corazón* por el oficialista Bloque de Obreros Intelectuales y de la polémica en que ese mismo oficialismo cultural pretendió liquidar por «descastados» a Contemporáneos, Villaurrutia volvió con especial atención e intención a López Velarde y preparó la más importante de las muchas selecciones que se han dedicado en exclusiva a su poesía: *Poemas escogidos*, publicado por Cvltvra, la editorial que había reanimado la vida literaria tras los años más duros de la Revolución, en la que colaboró el mismo López Velarde, y donde se habían publicado selecciones de todos los modernistas mexicanos destacados. El ensayo preliminar es el primer estudio crítico realmente importante sobre la poesía de López Velarde, del que derivarán muchas de las interpretaciones y discusiones posteriores, desde las del propio Villaurrutia y sus compañeros de Contemporáneos, pasando por las de Antonio Castro Leal, hasta las de Allen W. Phillips, Octavio Paz o José Emilio Pacheco.

Villaurrutia empieza por descartar nuevamente la admiración ciega de los «prosélitos» que han reducido a López Velarde a la figura de un simple poeta provinciano. También expone sus propias dudas («¿La complejidad espiritual de la poesía de López Velarde es real y profunda? ¿Fue necesaria la oscuridad de su expresión?», se pregunta); y confiesa sus resistencias iniciales y sentimientos encontrados: «La verdad es que la poesía de Ramón López Velarde atrae y rechaza, gusta y disgusta alternativamente y, a veces, simultáneamente. Pero una vez vencidos disgusto y repulsa, la seducción se opera»[16]. A partir de aquí, imantado por «la rara calidad de esta obra», se adentra en el misterio («Si contamos con poetas más vastos y mejor y más vigorosamente dotados, ninguno es más íntimo, más misterioso y secreto que Ramón López Velarde»), y recorre las irreductibles, lúcidas, dramáticas dualidades que alimentan su poesía: cielo y tierra, virtud y pecado, ángel y demonio, placer y dolor, opulencia y miseria de la carne... En la parte central del ensayo desarrolla una arriesgada comparación con Baudelaire, el escritor de la modernidad, de las complejidades del alma por antonomasia, en cuya médula López Velarde supo de alguna manera penetrar, lo que le llevó a conocerse y expresarse a sí mismo. «Él mismo –sigue Villaurrutia– ha confesado haber sido uno antes y otro después de conocer a Baudelaire (...) No es la forma lo que Ramón López Velarde toma de Baudelaire, es el espíritu del poeta de *Las flores del mal* lo que le sirve para descubrir la complejidad del suyo propio»[17]. Reafirmada la universalidad de López Velarde, Villaurrutia concluye con unas palabras siempre citadas:

16. Xavier Villaurrutia, «Ramón López Velarde», *Obras*, ed. cit., p. 645.
17. *Ibid.*, p. 650.

En la poesía mexicana, la obra de Ramón López Velarde es, hasta ahora, la más intensa, la más atrevida tentativa de revelar el alma oculta de un hombre; de poner a flote las más sumergidas e inasibles angustias; de expresar los más vivos tormentos y las recónditas zozobras del espíritu ante los llamados del erotismo, de la religiosidad y de la muerte[18].

De acuerdo a las ediciones divulgativas pero cuidadas de Cvltvra, los tres poemarios de López Velarde están suficientemente representados, si bien los gustos de Villaurrutia no dejan de notarse: *Zozobra* sigue siendo el más ampliamente seleccionado, no falta ningún poema de la Antología del 28, tampoco «La suave Patria». Pero llamo la atención sobre el hecho de que en su prólogo Villaurrutia no dedique ni una sola palabra a este poema. Y de que no escoja ninguna muestra de *El minutero*.

Nada más publicarse *Poemas escogidos* con el estudio de Villaurrutia, Jorge Cuesta señaló: «El aspecto 'provinciano' de la poesía de López Velarde ha hecho que se ignore su complicación posterior, que ahora Villaurrutia ha venido a poner de manifiesto»[19]. Y mucho después, Octavio Paz: «Más que

---

18. *Ibid.*, p. 659.

19. «La provincia de López Velarde» (*El Universal*, 27 de agosto 1935), en Marco Antonio Campos (ed.), *ob. cit.*, p. 100. Aunque para Cuesta López Velarde no puede explicarse sin la fidelidad a su fondo provinciano e infantil, puesto a elegir, él, como sus compañeros de Contemporáneos, prefiere clarísimamente la «segunda poesía de López Velarde»: «en su segunda época

un descubrimiento, el ensayo de Villaurrutia fue una resurrección: López Velarde yacía enterrado bajo las losas de una admiración obtusa y Xavier, al sacarlo a la luz, nos mostró no un cadáver embalsamado sino un poeta vivo». Para a continuación preguntarse: «¿El López Velarde de Villaurrutia se parece a Villaurrutia o al López Velarde real? Respondo sin vacilar que se parece a Villaurrutia porque ambos se parecen a Baudelaire. Son sus descendientes»[20].

Villaurrutia amplió y corrigió ligeramente sus *Poemas escogidos* de López Velarde para Nueva Cvltvra en 1940. La ampliación empezó por la introducción, a la que añadió un capitulito inicial rememorando el encuentro que él y su íntimo amigo Salvador Novo tuvieron con López Velarde en la Escuela Nacional Preparatoria hacia 1921. Un encuentro personal aunque «tangencial» lo llama, reservado, fugaz y casi puramente literario, tal vez como para indicar que desde el comienzo su interés se dirigió instintivamente a lo esencial del escritor y no a lo exterior del personaje, que no quiere aprovecharse de la anécdota y la fama póstuma (como claramente hace, por ejemplo, Djed Bórquez, dirigente del Bloque

---

"después de Baudelaire", se hace maliciosa y artística, difícil y complicada. Es entonces cuando se enriquece y se hace verdadera» (*ibid.*, p. 99).

20. Octavio Paz, *Xavier Villaurrutia en persona y obra*, en *Obras completas*, vol. 4 (*Generaciones y semblanzas. Dominio mexicano*), México, Círculo de Lectores, FCE, 1994, p. 263.

de Obreros Intelectuales, en «Mis encuentros con el buen Ramón», que sirve de prólogo a la primera edición de *El son del corazón*, con el que se podría poner en relación de contraste este otro «encuentro» de Villaurrutia). También añadió a la selección de poemas los tardíos «La Ascensión y la Asunción» y «El sueño de la inocencia», este último, gemelo inseparable del otro «Sueño de los guantes negros».

Villaurrutia escogió esta versión ampliada del estudio introductorio para abrir su recopilación crítica *Textos y pretextos* (México, La Casa de España en México, 1940), en cuyo prólogo expone con claridad la idea de la crítica como autocrítica: «Explicando o tratando de explicar la complejidad espiritual de Ramón López Velarde, por ejemplo, no hacía sino ayudarme a descubrir y a examinar, al mismo tiempo, mi propio drama»[21]. Ese «drama» que Villaurrutia sintió como propio y como esencial del hombre es —como explica Rosa García Gutiérrez— el de su inherente y enigmática, agónica e irresoluble dualidad o dualidades (vida / muerte, tiempo / eternidad, particular / universal, cuerpo / alma, consciente / inconsciente, vigilia / sueño…)[22]. «El único fin de la poesía es la expresión del hombre, el desconocido y esencial», declaró ese mismo año a José Luis

---

21. Xavier Villaurrutia, «Prólogo», *Textos y pretextos*, *Obras*, ed. cit., p. 639.

22. Cfr. Rosa García Gutiérrez, «La poesía de Xavier Villaurrutia», pp. 9-24 y *passim*.

Martínez[23]. De ahí que la poética villaurrutiana sea una tensión o «equilibrio inestable» entre clasicismo y romanticismo, tradición y vanguardia, barroco y surrealismo; y que su sistema poético esté fundamentalmente construido a base de variantes del desdoblamiento, la dilogía, la antítesis y la paradoja. De ahí también que, pese a sus notables diferencias, Villaurrutia se sienta partícipe de la zozobra vital de López Velarde, de la misma manera en que consideraba que este compartía no la forma sino el espíritu desgarrado de contradicciones de Baudelaire, hasta el punto de verlos como «dos miembros de una misma familia, dos protagonistas de un drama que se repite a través del tiempo»[24]. Con todo, una lectura atenta de los poemas de Villaurrutia podría detectar unos pocos y tenues reflejos lopezvelardeanos. Podría considerar, por ejemplo, que las imágenes de «Mi corazón, leal, se amerita en la sombra» («Yo lo sacara al día, como lengua de fuego / que se saca de un ínfimo purgatorio a la luz; / y al oírlo batir su cárcel, yo me anego / y me hundo en la ternura remordida de un padre / que siente, entre sus brazos, latir un hijo ciego»; «sus ávidas mareas y su eterno oleaje») fueron interiorizadas y reescritas por Villaurrutia en las estrofas centrales de su desolado «Nocturno mar»:

23. José Luis Martínez, «Con Xavier Villaurrutia», *Tierra Nueva*, n.º 2, marzo-abril 1940, p. 77. Cit. en Rosa García Gutiérrez, «La poesía de Xavier Villaurrutia», p. 11.

24. Xavier Villaurrutia, «Ramón López Velarde», *Obras*, ed. cit., p. 651.

nada, nada podrá ser más amargo / que el mar que llevo dentro, solo y ciego, / el mar antiguo edipo que me recorre a tientas / desde todos los siglos, / (...) / El mar que hace un trabajo lento y lento / forjando en la caverna de mi pecho / el puño airado de mi corazón. / (...) / nocturno mar sin cólera, conforme / con lamer las paredes que lo mantienen preso / y esclavo que no rompe sus riberas / y ciego que no busca la luz que le robaron / y amante que no quiere sino su desamor[25].

Villaurrutia, entonces en su «plenitud como crítico»[26], asumió la dirección de *Laurel*, la gran *Antología de la poesía moderna en lengua española* (México, Séneca, 1941), en cuya elaboración le ayudaron Octavio Paz y los españoles exiliados Emilio Prados y Juan Gil-Albert, y cuya conflictiva historia conocemos por el clarificador y autojustificativo epílogo que Paz le dedicó cuarenta y cinco años después. Aunque *Laurel* debe mucho, como se encargó de subrayar Paz, a la antología de Contemporáneos y a la de la Generación del 27 de Gerardo Diego, también hay que entenderla en relación a la *Antología de la poesía española e hispanoamericana, 1882-1932* que Federico de Onís publicó en el Centro de Estudios Históricos de Madrid en 1934, seguramente la más completa y mejor

25. Xavier Villaurrutia, «Nocturno mar», *Nostalgia de la muerte, Obra poética*, ed. cit., pp. 294-295.
26. Cfr. Rosa García Gutiérrez, «La poesía de Xavier Villaurrutia», pp. 161-194.

antología histórico-crítica en español de la primera mitad de siglo xx. *Laurel* comparte con ella el fundamento: una concepción de la poesía moderna en español como proceso unitario, basado en la lengua, que parte del modernismo y culmina en las vanguardias, y en el que la continuidad prima por encima de las rupturas. Aunque también hay diferencias notables. Onís actúa como historiador: ofrece una obra didáctica, con una explícita ordenación periodológica y un minucioso aparato de notas; da cabida nada menos que a 153 poetas, de jerarquías y tendencias muy diversas, con un reparto equitativo entre países; y centra su selección en el proceso final del modernismo o, como él lo bautiza, en el «postmodernismo». Concretamente López Velarde es presentado como un poeta muy personal pero sobre todo muy característico de ese momento: «la suya –dice Onís– es una personal y feliz combinación de sentimentalismo romántico, naturalismo irónico, imaginismo puro y culteranismo rebuscado, que hacen de él probablemente el más original y valioso poeta de Méjico posterior al modernismo»[27]. Y lo representa con solo tres poemas característicos de su evolución: «A Sara» de *La sangre devota*, «Mi corazón se amerita…» de *Zozobra* y «La suave Patria».

---

27. Federico de Onís, *Antología de la poesía española e hispanoamericana (1882-1932)*, ed. Alfonso García Morales, Sevilla, Renacimiento, 2012, p. 967.

Villaurrutia no debía desconocer la antología de Onís, donde él mismo figura como último poeta, con varias composiciones de *Reflejos*, y donde es caracterizado por «su temperamento intelectual y crítico, su agudeza de visión y su buen gusto frío y contenido»[28]. Pero a diferencia de Onís, él y demás antólogos de *Laurel* ven las cosas como poetas, no como historiadores o académicos: buscan un público no especializado, prescinden de información erudita, reducen muchísimo la nómina de autores, de 153 a 38, tratando de dar una muestra relativamente completa de cada uno; conceden un claro protagonismo a mexicanos y españoles; y se centran no en el final del modernismo sino en el final de la vanguardia. Dentro de su criterio más estético que histórico, más selectivo que representativo, Villaurrutia incluye entre los mexicanos anteriores a su generación a González Martínez, Reyes y López Velarde, pero excluye conscientemente a Tablada. Y López Velarde está allí no tanto como poeta característico del modernismo final sino como poeta moderno, universal. Las sucintas líneas que Villaurrutia le dedica en el prólogo, son una réplica reducida de las de *Poemas escogidos*, aunque han sido menos citadas:

En la operación de oír y de hacer oír las voces que dialogan en su abismo interior, y en revelar su alma oculta y en expresar muy precisamente los conflictos de la religiosidad,

---

28. *Ibid.*, p. 1171.

del erotismo y de la muerte, (López Velarde) muestra(n) su
originalidad y el atrevimiento de su tentativa poética[29].

La selección de sus poemas es también muy similar a las
de la Antología del 28 y de *Poemas escogidos*, casi un compro-
miso entre ambas, pero con una diferencia importante: aho-
ra Villaurrutia elimina «La suave Patria»[30]. ¿Por qué? ¿Por qué
prescindir del poema más famoso de López Velarde en una
antología tan ambiciosa, con una vocación tan clara de balance
definitivo de la modernidad poética moderna en español como
Laurel? No cabe pensar en razones de extensión. *Laurel* es pre-
cisamente casi la única antología de la época que da amplia
cabida a poemas largos, desde el canto I de *Altazor* a *Muerte sin
fin*. La explicación solo puede estar en la misma popularidad
de «La suave Patria», en aquella «sombra» creciente de popula-
ridad que Villaurrutia debía sentir como excesiva, culpable en
último extremo de la visión «mexicanista», superficial de López
Velarde, que impedía reconocer su universalidad. Desde el

29. *Laurel. Antología de la poesía moderna en lengua española*, 2ª. ed.,
prólogo de Xavier Villaurrutia, epílogo de Octavio Paz, México, Trillas,
1986, p. 18.

30. La lista de poemas de López Velarde en *Laurel* es: «En las tinieblas
húmedas», «Hermana, hazme llorar», «A Sara», «Hoy como nunca», «La
mancha de púrpura», «Día 13», «Mi corazón se amerita», «Tus dientes», «El
retorno maléfico», «A las vírgenes», «El mendigo», «Hormigas», «La lágrima»,
«La última odalisca», «El candil», «Todo», «Te honro en el espanto», «Humil-
demente», «El son del corazón», «El ancla», «Treinta y tres», «Gavota».

punto de vista de Villaurrutia, excluir allí ese poema tan esperado debía tener algo de provocativo o revulsivo. Y junto a esto, «La suave Patria» no termina de encajar en la peculiar visión de Villaurrutia sobre el verdadero carácter de López Velarde y de la poesía mexicana. Cuando un año después de *Laurel* pronunció la conferencia «Introducción a la poesía mexicana» (1942) y fue señalando los rasgos que, según él, la singularizan: soledad, aristocratismo, apartamiento de lo popular, introversión, tono lírico e íntimo, poco gusto por lo épico, no dejó de citar las excusas del propio López Velarde en el proemio a «La suave Patria» («Yo que solo canté de la exquisita / partitura del íntimo decoro...»), poema al que califica como nacido de «una inspiración probablemente extraña»[31]. En realidad «La suave Patria» siempre provocó dudas y hasta cierta disensión entre los Contemporáneos. Fue Torres Bodet quien expuso más abiertamente sus reticencias hacia este poema «demasiado célebre», dice, que, pese a sus hallazgos felices, suponía tras *Zozobra* una renuncia, un intento de «transición hacia mayor popularidad... Pero no hacia mayor temperancia»[32]. Reticencias de las que se hace eco y comparte Octavio Paz, cuando escribe en «El camino de la pasión»: «La seducción que ejerce sobre nosotros ese poema no debe cerrarnos los ojos ante ciertos lunares y

31. Xavier Villaurrutia, «Introducción a la poesía mexicana», *Obras*, ed. cit., p. 765.

32. Jaime Torres Bodet, «Cercanía de López Velarde» (*Contemporáneos*, 1930), en Marco Antonio Campos (ed.), *ob. cit.*, pp. 57-58.

flaquezas»; «Este hermoso y desigual poema no merecía haber sido manoseado con tanta torpeza»[33]. Ante opiniones como esta, Gorostiza, que había sido secretario de la revista *El Maestro* cuando se publicó en ella por primera vez «La suave Patria», salió en 1963, el mismo año del ensayo de Paz, en defensa de la «perfección y grandeza» culminante de este poema, decía, «menospreciado por la crítica, pero predilecto de ese 'seminarista sin Baudelaire, sin rima y sin olfato', el pobre pueblo, que nunca se equivoca»[34]. Sin ánimo de terciar en la discusión, diré que en esto me atrevo a disentir del criterio de Villaurrutia y otros reticentes. Mi opinión es que, aunque circunstancial, López Velarde supo hacer de él un poema extraordinariamente personal y estéticamente valioso. Y que así se mantiene, pese al paso del tiempo, los usos y manipulaciones.

Pero en «Introducción a la poesía mexicana» de Villaurrutia hay más. Hay en realidad mucho de su conferencia «La poesía de los jóvenes de México» de 1924. Como entonces, también aquí continúa y matiza las opiniones de Henríquez Ureña, quien había sostenido que el verdadero espíritu de la literatura mexicana residía en el «clasicismo» y que sus notas peculiares eran «el sentimiento discreto, el tono velado, el

---

33. Octavio Paz, *El camino de la pasión: Ramón López Velarde*, en *ob. cit.*, p. 190.

34. José Gorostiza, «Perfil humano y esencias literarias de Ramón López Velarde» (*México en la Cultura*, suplemento de *Novedades*, 1963), en Marco Antonio Campos (ed.): *ob. cit.*, p. 146.

matiz crepuscular»[35]. Villaurrutia parece aceptar su tesis, pero termina diciendo que hay un momento en que la lírica mexicana empieza a pasar de la hora crepuscular que la caracteriza hacia la hora siguiente. Y que el tránsito lo marca López Velarde: «En Ramón López Velarde empieza la hora de la poesía mexicana a llenarse de sombras, de tinieblas. Y empieza a ser López Velarde un poeta nocturno. El sentimiento de la noche hace acto de presencia»[36]. Lo cierto es que López Velarde tiene muy pocos poemas «nocturnos», ninguno con el título de ese subgénero lírico forjado en el romanticismo y modernismo, tan presente en la poesía mexicana y que Villaurrutia llevó a la culminación en sus series de *Nocturnos*. Uno de los pocos es «En las tinieblas húmedas», y recuérdese cómo empezaba la selección de *Laurel*: recuperando el poema. Para Villaurrutia calificar a López Velarde de poeta nocturno es una forma metafórica de subrayar su modernidad o, si se quiere, su paso del modernismo a la modernidad, de la crepuscular dictadura

---

35. Henríquez Ureña formalizó esta tesis en su ensayo «Don Juan Ruiz de Alarcón», *Nosotros*, México, n.º 9, marzo 1914, pp. 185-199, incluido, con modificaciones, en *Seis ensayos en busca de nuestra expresión* (1928). Una tesis influyente y controvertida, que condicionará, dando sentido y también constriñendo el entendimiento de la poesía mexicana durante la primera mitad de siglo xx, que llegará hasta Contemporáneos e incluso hasta el primer Octavio Paz.

36. Xavier Villaurrutia, «Introducción a la poesía mexicana», *Obras*, ed. cit., p. 771.

poética gonzálezmartiniana a la libertad contemporánea, también una forma de señalar sus abismos interiores y, con ello, de reafirmar su propia filiación. López Velarde ya no solo es íntimo, misterioso, secreto, dual y baudeleriano, como el mismo Villaurrutia, es también, como él —como, según él, todos los poetas verdaderamente modernos, desde el romanticismo hasta el surrealismo—, «nocturno»[37]. Paz afirmó que sin duda lo más interesante del ensayo «Introducción a la poesía mexicana» es que es una «autodescripción»[38]. Y Villaurrutia nunca llevó tan lejos su proyección, apropiación, recreación personal de López Velarde, nunca se reflejó tan claramente en el espejo de este como aquí.

En 1942 la editorial de la Universidad Nacional Autónoma de México solicitó a Villaurrutia una nueva selección de poesías de López Velarde para su colección «Biblioteca del Estudiante Universitario», con «el deseo de superar las antologías publicadas hasta ahora»[39]. Pero Villaurrutia terminó recurriendo y

---

37. Véase de nuevo el estudio de Rosa García Gutiérrez (pp. 176-182), quien explica cómo, sobre todo a partir de su lectura del libro de Albert Béguin, *L'âme romantique et le rêve* (1937), y de su consiguiente redescubrimiento de Gérard de Nerval, Villaurrutia terminó de configurar su idea de la genealogía «verdadera» y «nocturna» de la poesía moderna, con la que se identificaba.

38. Octavio Paz, *Xavier Villaurrutia en persona y obra*, en *ob. cit.,* p. 263.

39. «Advertencia», Ramón López Velarde, *El León y la Virgen*, prólogo y selección de Xavier Villaurrutia, México, Ediciones de la Universidad Nacional Autónoma, Biblioteca del Estudiante Universitario, 1942, p. VI.

retocando una vez más, la tercera, sus muy meditados *Poemas escogidos*. Tal vez para evitar conflictos con Cvltvra, le cambió el título por *El León y la Virgen,* imagen astrológica que López Velarde empleó en ocasiones para referirse a la «dualidad funesta» o «moral de la simetría» que presidía su vida. En el prólogo Villaurrutia prescindió del capítulo inicial «Encuentro», que seguramente juzgó demasiado personal para una edición divulgativa y universitaria. Amplió la selección con dos poemas de *Zozobra*: «Transmútase mi alma», sobre la transformación que López Velarde experimentó al intentar liberarse de su amor infantil por Fuensanta y abrazar el amor adulto por la «dama de la capital», y el costumbrista, sentimental e irónico «El viejo pozo». Y sobre todo: mantuvo, como no podía ser menos en una selección general como esta, «La suave Patria», pero (re)poniéndolo en un lugar significativamente «aparte» de *El son del corazón,* libro en el que también apareció y donde él lo incluyó en sus anteriores selecciones. Con ello estableció una práctica que la mayoría de editores posteriores ha seguido.

El interés de Villaurrutia por López Velarde no se agotó, sin embargo, aquí. Durante sus últimos años fue poniendo una atención creciente en la descuidada y aún dispersa prosa del poeta y más específicamente en el poco valorado *El minutero*. En 1945, desde la revista *El Hijo Pródigo,* señaló que «su prosa tiene, tanto por su intención como por su concreción y forma, calidad poética»; y que *El minutero,* donde se contienen «verdaderos poemas en prosa», «merece ser estudiado porque completa la fisonomía asimétrica característica del poeta mexicano más complejo y misterioso»[40]. Al año siguiente *El Hijo Pródigo*, dirigida ya por Villaurrutia, se sumó a los homenajes por el 25 aniversario de la muerte López Velarde, publicando un número monográfico. En él figura una breve antología del poeta no firmada pero hecha, según testimonio de José Luis Martínez, personalmente por Villaurrutia. La selección vuelve a empezar significativamente por «En las tinieblas húmedas», comprende otros cuatro poemas («Tus dientes», «El mendigo», «Hormigas» e «Idolatría») e incorpora siete prosas de *El minutero*: «Obra maestra», «Mi pecado», «Novedad de la Patria», «Fresnos y álamos», «La flor punitiva», «Lo soez» y «José de Arimatea»[41].

---

40. Xavier Villaurrutia, «*Obras completas* de Ramón López Velarde», *El Hijo Pródigo*, n.º 23, 15 febrero 1945, p. 121. Se trata de una reseña de las *Obras completas* publicadas por la editorial Nueva España el año anterior, en las que se incluyen, sin introducción ni aparato crítico, los tres poemarios de López Velarde junto a *El minutero*. Es en esta reseña en la que Villaurrutia termina calificando a López Velarde de «inagotable».

41. *El Hijo Pródigo*, n.º 39, 15 de junio de 1946. El testimonio de José Luis Martínez puede verse en la «Cronología biobibliográfica» de su edición de Ramón López Velarde, *Obras*, p. 89. Que yo sepa, esta selección de *El Hijo Pródigo* fue la primera y casi única entre las antologías del medio siglo posterior a la muerte de López Velarde que incluye prosas. Digo casi única porque también cabría tener en cuenta la curiosa antología que bastante después realizó Pablo Neruda en Pablo Neruda, Gustavo Ortiz Hernán y Guillermo Atías, *Presencia de Ramón López Velarde en Chile* (Santiago, Editorial

En el momento de su muerte Villaurrutia planeaba editar *El minutero*, como cabe deducir del «Prólogo» que dejó preparado entre sus papeles y que se conoció póstumamente. Quince años antes, con el estudio introductorio de *Poemas escogidos*, Villaurrutia reveló la modernidad de la poesía de López Velarde, en este otro prólogo ofreció un pionero y sugerente acercamiento a ese «cifrado y misterioso», «breve y palpitante libro» que es *El minutero*, cuya complejidad formal y hondura espiritual, paralelos a las de *Zozobra*, invitan no ya a la lectura, sino a la relectura, a «los goces del descubrimiento y la alegría del hallazgo personales»[42].

Universitaria, 1963), que contiene poemas («La suave Patria», «Jerezanas», «El retorno maléfico», «Tierra mojada», «Mi corazón se amerita») y prosas («La cigüeña», «Noviembre», «Oración fúnebre. Fragmento», «Mi pecado»), junto a otros elementos fantasiosos, extraños y distorsionadores (entre ellos un corrido nada menos que «De la muerte de Emiliano Zapata»). *Poesía en movimiento. México, 1915-1966*, la célebre antología que dirigió Paz, secundado por Alí Chumacero, José Emilio Pacheco y Homero Aridjis, da cabida a poemas en prosa de Aridjis, Pacheco, Arreola, Paz, Owen y Torri, pero extrañamente no de *El minutero*. Una ausencia fruto tal vez de una descoordinación u olvido colectivo y no intencionado, de esos imponderables azares que intervienen en la confección de las antologías, pero también de una arraigada inercia, que tardará mucho en corregirse, a no poner en el mismo plano los mejores poemas y los mejores poemas en prosa de López Velarde.

42. Xavier Villaurrutia, «Prólogo a *El minutero* de Ramón López Velarde» (*Rueca*, invierno 1951-1952, pp. 5-9), en *Obras*, ed. cit., pp. 811-815.

Nota sobre esta edición

Debo la idea de este libro a Abelardo Linares, quien me propuso publicar una antología de la poesía de Ramón López Velarde, pero no una antología más, sino la emblemática e influyente selección que Xavier Villaurrutia prologó y escogió, y de la que, tal como queda explicado en las páginas anteriores, hizo tres versiones sucesivamente ampliadas y con pequeñas variantes y adaptaciones: Ramón López Velarde, *Poemas escogidos. Con un estudio de Xavier Villaurrutia*, México, Cvltvra, 1935; *Poemas escogidos. Con un estudio de Xavier Villaurrutia*, nueva edición aumentada, México, Nueva Cvltvra, 1940; y *El León y la Virgen*, México, Ediciones de la Universidad Nacional Autónoma, Biblioteca del Estudiante Universitario, 1942.

La presente edición conserva el título de las dos primeras versiones, que, pienso, Villaurrutia terminó cambiando por razones fundamentalmente editoriales, para poder ampliar su público a los estudiantes de la UNAM sin que Cvltvra se molestase demasiado. En cualquier caso, el título *Poemas escogidos* resulta seguramente más orientativo para los lectores actuales, sobre todo españoles. Respecto al estudio introductorio, he elegido la versión más completa, la de 1940, con su primer capitulito autobiográfico «Encuentro», que Villaurrutia no había incluido cinco años antes y que volvió a suprimir en la edición universitaria. Una versión completa que también mantuvo en

Textos y pretextos. En cuanto a la selección de poemas, no he dudado en optar por la última y más amplia de *El León y la Virgen*, respetando su disposición. Al transcribir los poemas solo he corregido erratas evidentes y alteraciones injustificadas en la ortografía, puntuación y separación entre estrofas respecto a las ediciones originales de los poemarios.

Nuestra edición presenta, sin embargo, una novedad: un apéndice con una selección de *El minutero*. Me he atrevido a añadirlo en el convencimiento de que Villaurrutia no lo hubiera desaprobado, de que incluso viene a cumplir en parte un deseo suyo. Como expliqué, en sus últimos años Villaurrutia insistió en que *El minutero* resulta tan imprescindible para el conocimiento de López Velarde como su poesía en verso, y en el momento de su muerte estaba intentando editarlo. He tratado que la orientación del apéndice sea lo más villaurrutiana posible. Las piezas que figuran en él son las que con casi toda seguridad Villaurrutia eligió personalmente para *El Hijo Pródigo* en 1946, sumadas a las que se refiere en el prólogo para su proyectada edición. Con ello espero que esta edición de Renacimiento consiga ser una versión fiel y al mismo tiempo nuevamente actualizada de *Poemas escogidos* de López Velarde por Villaurrutia, un libro en el que se dan cita y siguen dialogando quedamente dos escritores muy distintos pero igualmente esenciales de la tradición poética mexicana.

Alfonso García Morales

RAMÓN LÓPEZ VELARDE

Xavier Villaurrutia

I

Encuentro

Para usar una expresión del gusto de Ramón López Velarde, no por ello menos sino más exacta, diré que el nuestro fue lo que pudiera llamarse un encuentro tangencial. Otros lo trataron diaria o frecuentemente, penetrando en el círculo de sus costumbres, o acaso hiriendo el centro de su intimidad; acompañándolo en las horas plenas o dejándolo solo en los momentos vacíos de que, más tarde, habrían de salir los poemas que contienen «un mensaje de singular calofrío». Otros que no yo.

Para que nuestro encuentro fuera algo más que un misterioso y tangencial contacto, llegué demasiado tarde a su lado, puesto que él se fue de manera imprevista del nuestro. Ávida e incierta, la curiosidad del adolescente me llevó a buscarlo sin un objeto preciso, definido. Acaso, inconscientemente, trataba yo de conocerlo de viva voz, de cuerpo presente. Desde luego diré que mi objeto no era conocer sus ideas o sus juicios sobre los demás y sobre sí mismo. No me interesaba lo primero, y para lo segundo me bastaba el silencioso diálogo que yo podía renovar a cualquier hora con el libro que me lo había revelado: *Zozobra*. Más bien mi curiosidad de adolescente quería saciarse con unos cuantos datos físicos, con unas cuantas señas particulares; su estatura, el color de su piel, el timbre de su voz, el brillo o la falta de brillo de sus ojos.

Su cara de un color moreno claro, y sus grandes manos de un dibujo muy preciso y muy fino, surgían del *jaquet* que cubría habitualmente un cuerpo grande y sólido, un cuerpo de gigante. Del color del clima en que, como en uno de sus poemas, la lujuria toca a rebato, el *jaquet* tenía un cambiante brillo verdinegro de «ala de mosca».

Algo había en su figura que hacía pensar, indistintamente, en un liberal de fines del siglo pasado y en un sacerdote católico de iglesia del interior, que gozara de unas vacaciones en la capital. En ambos casos la provincia lo acompañaba, viajaba con él, rodeándolo con un halo de luz o de sombra.

Nada había en sus palabras que desconcertara. Ningún brillo. Ningún deseo de brillar. Palabras lentas que buscaban su sitio en la frase que a veces moría, cuando Ramón López Velarde juzgaba que ya no era indispensable que siguiera viviendo, aun antes de terminar. Si había algo desconcertante en su persona, ese algo era, cosa rara, la sencillez.

Salvador Novo y yo lo visitamos unas cuantas veces en la Escuela Nacional Preparatoria, donde era profesor de Literatura Española. Lo esperábamos a la salida del aula y cambiábamos con él breves y entrecortadas frases. Aún tengo la sensación de que los diálogos se acababan demasiado pronto. Y también de que, a veces, como cuando sin esperar el final de clase entrábamos en el aula, y López Velarde suspendía rápidamente la lección, despidiendo, aturdido, a los alumnos; una curiosa turbación y un pudor infantil e inexplicable lo colocaban delante de nosotros en la situación de minoridad e inferioridad que lógicamente nos correspondía a Salvador y a mí.

Cuando, muy pronto, supo que escribíamos versos, nos manifestó suavemente el deseo de conocerlos. Salvador Novo escribía bellos poemas un poco a la manera de las *Parábolas* de Enrique González Martínez. Una tristeza prematura y una lección moral, también prematura, impulsaban estos ejercicios de adolescencia que pronto abandonaría con la misma facilidad, con el natural desembarazo con que los había adoptado, cuando empezó a escribir sus novísimos *XX Poemas*. Yo escribía versos en que los simbolistas franceses, Albert Samain sobre todos, dejaban su música, su atmósfera y no pocas veces sus palabras. Y tan fuera de mí había colocado desde entonces, la lección de la poesía de Enrique González Martínez, que, sin dejar de sentir respeto por ella y acaso para mantenerla intacta,

43

me prohibía glosarla, repetirla. En cambio, la influencia más remota e imprecisa la aceptaba sensualmente, como quien recibe una vaga emanación, un perfume lejano.

No recuerdo con exactitud la opinión que Ramón López Velarde nos dio de aquellos versos. He dicho que no eran precisamente sus ideas ni sus opiniones las que me habían llevado a conocerlo. Creo, sin embargo, que admiró la prodigiosa facilidad, —novia de entonces y de siempre– de Salvador Novo, y, ahora lo recuerdo, por encima de ello, algunas expresiones atrevidas que contenía un poema: *La Campana,* que ya eran, o al menos pugnaban por ser diferentes de las del tono general señalado por el poeta de *Parábolas.* Nada en absoluto recordaría yo de lo que hablamos acerca de mis versos, si Ramón López Velarde, después de decirme algo muy general y seguramente muy vago, aunque no más vago que mi poesía de entonces, no hubiera colocado el índice pálido, largo y, no obstante, carnoso, debajo de una línea de uno de mis manuscritos subrayando entre todos, y repasándolo varias veces, un verso:

Bruñe cada racimo, cada pecosa pera.

Se trataba de una *Tarde* en que las leídas en los libros de Samain se confundían con las vividas por mí en una casa de Tlalpan adonde acostumbraban llevarme a pasar el estío. El sol en su trayectoria, visto fuera y dentro de la casa, era el personaje del poema y el sujeto del verso debajo del que amplificado, enorme, vi resbalar lenta y pendularmente el índice de la mano derecha de Ramón López Velarde, al tiempo que decía: «Es extraordinario como ha captado usted estas dos cosas. En efecto, el sol bruñe, esa es la palabra, los racimos. ¡Y qué definitivamente retratadas por usted quedan las peras, no solo por el lustre, sino también y precisamente, por las pecas! Eso es: las peras son pecosas».

No estoy seguro de que estas hayan sido sus palabras, pero no eran otras las ideas que expresó con un fervor que las mías de ahora son incapaces de revivir y que, más que por el tono de la voz, se exteriorizó en aquel momento por el brillo de sus ojos que, como dos bruñidas uvas negras, se encontraron un largo momento con los míos que lo espiaban.

Esta fue la única entrevista de que puedo recordar algo más que la vaga emoción física que la presencia de Ramón López Velarde producía en el adolescente de quince años que era yo entonces. No recuerdo si volví a verlo en otra ocasión. Recuerdo, sí, que a los pocos días supe que el poeta se hallaba enfermo. Luego, indirectamente, su agonía y su muerte. No podría decir sin mentir, o, cuando menos, sin exagerar, que la muerte de Ramón López Velarde me produjo una emoción intensa y durable. Creo que al saberlo no sentí sino un momentáneo choque interno, y luego nada más.

II
La poesía de Ramón López Velarde

La madurez de una vida, como la madurez del día, no se revela en la hora incierta del atardecer sino en el momento pleno, cenital y vibrante del mediodía en que el sol, cumplida ya su trayectoria ascendente, parece detenerse a contemplar, hurtando la sombra a seres y cosas, los frutos de su carrera antes de empezar un descenso que es, al mismo tiempo, un regreso. Desaparecido en el mediodía de su vida, la muerte no vino a derribar esperanzas ni a segar promesas en flor, porque Ramón López Velarde había realizado ya las primeras y cumplido las segundas. Su viaje fue el perfecto viaje sin regreso.

Tres libros de versos, de los cuales el tercero, publicado después de la muerte del poeta, encierra junto a unos cuantos poemas concluidos, perfilados, otros que son esquemas incompletos y borrosos, sin otro valor que el de servir al estudio de la peculiar manera que tenía de completar sus versos hasta alcanzar, por medio de una acomodación buscada y calculada, expresiones imprevistas, y un libro de prosa que contiene páginas poéticas de indudable mérito, constituyen la obra de Ramón López Velarde. Pero la rara calidad de esta obra, el interés que despierta y la irresistible imantación que ejerce en los espíritus que hacen algo más que leerla superficialmente, hacen de ella un caso singular en las letras mexicanas. Si contamos con poetas más vastos y mejor y más vigorosamente dotados, ninguno es más íntimo, más misterioso y secreto que Ramón López Velarde. La intimidad de su voz, su claroscuro misterio y su profundo secreto han retardado la difusión de su obra, ya no digamos más allá de nuestras fronteras donde no se le admira porque se le desconoce sino dentro de nuestro país donde aun las minorías le han concedido rápidamente, antes de comprenderlo, una admiración gratuita y ciega.

La admiración ciega es, casi siempre, una forma de la injusticia. Al menos así lo creo al pensar que Ramón López Velarde es más admirado que leído y más leído que estudiado. Una admiración sin reservas, una lectura superficial y un contagio inmediato con los temas menos profundos de su obra, bastaron para llevarlo directamente a la gloria sin hacerlo pasar por el purgatorio y menos aún por el infierno en el que, según confesión propia, Ramón López Velarde creía.

Después de un número de la revista *México Moderno* (1921) consagrado por entero a honrar la memoria del poeta, en que, entre muchos estudios más conmovidos que atentos y más sentimentales que certeros, se distinguía por la agudeza crítica uno de Genaro Fernández Mac Gregor, apenas si recuerdo la conferencia en que José Gorostiza trazó el precioso retrato del «payo» que Ramón López Velarde no ocultó jamás, y un estudio de Eduardo Colín, entrecortado como todos los suyos. No obstante, la gloria del poeta ha ido creciendo como una bola de nieve al rodar del tiempo, tomando una forma que le es ajena, demasiado esférica y precisa, demasiado simple si pensamos que se trata de una poesía poliédrica, irregular y compleja. Los prosélitos de Ramón López Velarde han contribuido no poco a desvirtuar la personalidad del poeta y a simplificar de una sola vez, injustamente, los rasgos de una fisonomía llena de carácter, cambiante y móvil. He dicho sus prosélitos y no sus discípulos pues creo que Ramón López Velarde, poeta sin descendencia visible, no ha tenido aún el discípulo que merece. De su obra se ha imitado la suavidad provinciana de la piel que la reviste, el color local de sus temas familiares y aun el tono de voz, opaco y lento, con que gustaba confesar, junto a los veniales pecados, las angustias más íntimas y oscuras que sus admiradores y sus prosélitos se han apresurado a perdonarle sin examinarlas, sin considerar que la complejidad del espíritu del poeta se expresa, precisamente, en ellas.

Serpientes de la tipografía y del pensamiento, las interrogaciones circundan y muerden: ¿La complejidad espiritual de la poesía de López Velarde es real y profunda? ¿Fue necesaria la oscuridad de su expresión? ¿Su inesperado estilo fue el precio de su voluntad de exactitud o, solamente, de su deseo de singularizarse? ¿Las metáforas de su poesía eran rebuscadas o inevitables?...

Imposible atender todas los incitaciones que, casi al mismo tiempo, se formulan en mi interior. Pero ¿cómo no alzar, de algunas de ellas siquiera, y aunque solo sea para no caer en el vicio de la admiración sin conciencia, la punta del velo que las mantiene secretas?

La verdad es que la poesía de Ramón López Velarde atrae y rechaza, gusta y disgusta alternativamente y, a veces, simultáneamente. Pero una vez vencidos disgusto y repulsa, la seducción se opera y, admirados unas veces, confundidos otras, interesados siempre, no es posible dejar de entrar en ella como en un intrincado laberinto en el que acaso el poeta mismo no había encontrado el hilo conductor pero en el que, de cualquier modo, la zozobra de su espíritu era ya el premio de la aventura.

A los ojos de todos, la poesía de Ramón López Velarde se instala en un clima provinciano, católico, ortodoxo. La Biblia y el Catecismo son indistintamente los libros de cabecera del poeta; el amor romántico, su amor; Fuensanta, su amada única.

Pero estos son los rasgos generales, los límites visibles de su poesía, no los trazos más particulares ni las fronteras más secretas. Ya en su primer libro, *La sangre devota*, Ramón López Velarde borra, de una vez por todas, la aparente sencillez de su espíritu y señala dos épocas de su vida interior diciendo:

> Entonces era yo seminarista / sin Baudelaire, sin rima y sin olfato.

y, no obstante, sus imitadores han querido seguir viendo en él al seminarista que no ha descubierto los secretos de la rima, los placeres de los sentidos y el nuevo estremecimiento de Baudelaire. En realidad, de ahí en adelante y ya para siempre, se establecerá expresamente el conflicto que hace de su obra un drama complejo, situado en

> las atmósferas claroscuras / en que el Cielo y la Tierra se dan cita.

En un epigrama perfecto de luz y síntesis, un raro escritor mexicano ha concentrado el drama de ciertos espíritus diciendo de uno de ellos que «Nunca pudo entender que su vida eran dos vidas». En efecto, ¡cuántos espíritus llegan a la muerte sin haber prestado atención a las ideas contradictorias que entablan inconciliables diálogos en su interior! ¡Cuántos otros se empeñan y aun logran ahogar o por lo menos desoír una de estas dos voces, para obtener una coherencia que no es sino la mutilación de su espíritu!

Ramón López Velarde no pertenece a esta triste familia. Su drama no fue el de la ignorancia ni el de la sordera espiritual sino el de la lucidez. Bien pronto se dio cuenta de que en su mundo interior se abrazaban en una lucha incesante, en un conflicto evidente, dos vidas enemigas, y con ellas dos aspiraciones extremas que imantándolo con igual fuerza lo ponían fuera de sí.

Con una lucidez magnífica, comprendió que su vida eran dos vidas. Y esta aguda conciencia, ante la fuerza misma de las vidas opuestas que dentro de él se agitaban, fue lo bastante clara para dejarlas convivir, y, por fortuna, no lo llevó a la mutilación de una de ellas, a fin de lograr, como lo hizo Amado Nervo, una coherencia simplista y, al fin de cuentas, una serenidad vacía.

Me pregunto si es otro el significado, la clave misma del título y del contenido de su libro más importante, que la angustiosa zozobra de su espíritu ante la realidad de dos existencias diversas que, coexistiendo en su interior, pugnaban por expresarse y que se expresaban al fin, en los momentos más plenos de su poesía, no solo alternativa sino simultáneamente.

Cielo y tierra, virtud y pecado, ángel y demonio, luchan y nada importa que por momentos venzan el cielo, la virtud y el ángel, si lo que mantiene el drama es la duración del conflicto, el abrazo de los contrarios en el espíritu de Ramón López Velarde, que vivió escoltado por un ángel guardián pero también por un «demonio estrafalario».

Éxtasis y placeres lo atraen con idéntica fuerza. Su espíritu y su cuerpo vivirán bajo el signo de dos opuestos grupos de estrellas:

Me revelas la síntesis de mi propio zodíaco: el León y la
Virgen.

¿Qué recuerdos de lecturas infantiles acerca de los paraí-
sos que la fantasía de los musulmanes creó para los bienaven-
turados, y qué visión de coloridas estampas de los mismos
dejó en López Velarde el trauma que perdura como una obse-
sión a través de toda su obra?

Si en su constante sed de veneros femeninos no encuentra
maneras de conciliar su religiosidad cristiana y su erotismo;
si, en un principio, en *La sangre devota* se pregunta:

¿Será este afán perenne franciscano o polígamo?

halla luego en los paraísos mahometanos una manera de pro-
longar su religiosidad pero también su erotismo. Entonces, en
una primera afirmación, se atreve y dice:

funjo interinamente de árabe sin hurí

y buscando oscuros antecedentes genealógicos en las ramas
del árbol de su ser, no sabe si su devoción está presa en la
locura del primer teólogo que soñó con la primera mujer

o si atávicamente soy árabe sin cuitas / que siempre está de
vuelta de la cruel continencia / del desierto, y que en medio de
un júbilo de huríes / las halla a todas bellas y a todas favoritas.

En vez de borrar uno de los dos aspectos contradictorios de su ser, aprende a hacerlos convivir dentro de sí fomentando un incesante diálogo, un conflicto que se nutre de sí mismo. De este modo concilia monoteísmo y poligamia, Cristo y Mahoma:

> Yo varón integral, / nutrido en el panal / de Mahoma / y en el que cuida Roma / en la Mesa Central.

dice en *Zozobra*, y luego, años más tarde, en el poema «33» de *El son del corazón*, se oye de nuevo la voz desvelada por el insoluble problema del hombre que en vez de cerrar en falso sus llagas, sus preocupaciones, sus conflictos, ha aprendido a vivir con ellas abiertas la angustia de sus males:

> La edad de Cristo azul se me acongoja / porque Mahoma me sigue tiñendo / verde el espíritu y la carne roja, / y los talla al beduino y a la hurí, / como una esmeralda en un rubí.

Y en el mismo poema:

> Afluye la parábola y flamea / y gasto mis talentos en la lucha / de la Arabia feliz con Galilea.

¡Qué importa que en un momento se atreva a llamar funesta la dualidad que sabemos le ha producido también goces infinitos

—Me asfixia en una dualidad funesta, / Ligia, la mártir de
pestaña enhiesta / y de Zoraida la gruta bisiesta—

si la cristiana Ligia y la infiel Zoraida lo abrazarán ya para
siempre!

Placer y dolor, opulencia y miseria de la carne, delicia de
un paraíso presente y tristeza de un obligado y terrenal des-
tierro a cambio de la promesa de un paraíso sin placeres son
las pesas que oscilan en su balanza.

Cuando Ramón López Velarde quiere dar de sí mismo
una fórmula, cuando intenta objetivar su drama interior, solo
halla la imagen de algo que, suspendido entre estos dos mun-
dos, oscila como un péndulo incesantemente sobre ellos:

Estoy colgado en la infinita / agilidad del éter, como / un
hilo escuálido de seda

o bien:

Soy un harem y un hospital / colgados juntos de un ensueño.

Y concretando todavía más, objetivando más precisamen-
te, descubre su símbolo al compararse, en un poema precioso,
con el candil en que suspende sus llagas como prismas.

En el minuto baudeleriano de religiosidad que ya no se
distingue del frenesí amoroso, cuando lo vemos salir con las

manos y el espíritu vacíos, de vuelta de una inmersión en el océano de su propia angustia, yo lo imagino, como en dos de sus versos de una desolación incomparable, meciéndose sobre los abismos que se abren dentro y fuera de sí «con el viudo —oscilar del trapecio».

La sangre que circula en los más recónditos vasos de Ramón López Velarde no es, pues, constantemente, sangre devota. Esta se turba, se entibia y aun cede ante el impulso de una corriente de sangre erótica al grado que por momentos llegan a confundirse, a hacerse una sola, roja, oscura, compuesta y misteriosa sangre.

Nunca este poeta está más cerca de la religiosidad que cuando ha tocado el último extremo del erotismo, y nunca está más cerca del erotismo que cuando ha tocado el último extremo de la religiosidad:

Cuando la última odalisca / ya descastado mi vergel / se fugue en pos de nueva miel, / ¿qué salmodia del pecho mío / será digna de suspirar / a través del harem vacío?

El que fungió interinamente de árabe solitario, se siente ahora definitivamente abandonado. Y a la sola idea de que el placer de los sentidos pueda no existir para él, en un momento dado, en el momento en que «la eficaz y viva rosa» de su virilidad quede superflua y estorbosa, en el último espasmo del miedo se confesará muerto en vida, árabe sin hurí:

Lumbre divina en cuyas lenguas / cada mañana me despierto: / un día, al entreabrir los ojos, / antes que muera estaré muerto.

¿Será necesario decir que esta dualidad de Ramón López Velarde está muy lejos de ser un juego retórico exterior y puramente verbal y que, en cambio, se halla muy cerca de la profunda antítesis que se advierte en el espíritu de Baudelaire? También en Ramón López Velarde «la antítesis estalla espontáneamente en un corazón también católico, que no conoce emoción alguna cuyos contornos no se fuguen en seguida, que no hallen al punto su contrario, como una sombra, o, mejor, como un reflejo».

Y, no obstante, han pasado trece años de la muerte de López Velarde y su obra sigue siendo vista con ojos que se quedan en la piel sin atreverse a bucear en los abismos del cuerpo en que el hombre ha ido ocultando al hombre. Han pasado trece años y Ramón López Velarde sigue siendo para todos un simple poeta católico que expresa sentimientos simples. Me pregunto: ¿Será posible ahora seguir hablando de sentimientos simples en la poesía de Ramón López Velarde? Pienso en las reveladoras palabras de André Gide: «Lo único que permite creer en los sentimientos simples es una manera simple de considerar los sentimientos».

No es una casualidad el hecho de que el nombre del gran poeta francés haya surgido en más de una ocasión al considerar uno de los aspectos más personales de López Velarde. Él mismo ha confesado haber sido uno antes y otro después de conocer a Baudelaire. ¿Este conocimiento era preciso y lúcido? ¿Leía Ramón López Velarde a Baudelaire en francés? ¿Lo conoció solamente a través de traducciones españolas: la de Marquina, por ejemplo? No es la forma lo que Ramón López Velarde toma de Baudelaire, es el espíritu del poeta de *Las flores del mal* lo que le sirve para descubrir la complejidad del suyo propio.

Ya he dicho que, según confesión expresa, gracias a Baudelaire descubrió López Velarde no solo la rima sino también y sobre todo el olfato, el más característico, el más refinado, el más precioso y sensual de los sentidos que poeta alguno como Baudelaire haya puesto en juego jamás.

Sería injusto y artificial establecer un paralelo entre ambos poetas, e imposible anotar siquiera una imitación directa o señalar una influencia exterior y precisa. Entre la forma de uno y otro no media más que… un abismo. Pero si un abismo separa la forma del arte de cada uno, otro abismo, el que se abre en sus espíritus, hace de Baudelaire y de Ramón López Velarde dos miembros de una misma familia, dos protagonistas de un drama que se repite a través del tiempo con desgarradora y magnífica angustia.

La agonía, el vacío, el espanto y la esterilidad, que son temas de Baudelaire, lo son también de nuestro poeta. Y si la religiosidad de López Velarde se resuelve en erotismo, siguiendo un camino inverso, pero no menos dramático, el erotismo de Baudelaire se convierte, en último extremo, en plegaria:

Ah Seigneur, donnez-moi la force et le courage / de contempler mon corps et mon coeur sans dégout

Ciertos versos de nuestro poeta, los versos más ciertos, comunican un indefinible calosfrío baudeleriano cuando son la expresión de un espíritu atormentado:

con la árida agonía de un corazón exhausto

o cuando nos dice:

voy bebiendo una copa de espanto

o bien cuando, en «Ánima adoratriz», desea que la vida se acabe precisamente al mismo tiempo que el placer

y que del vino fausto no quedando en la mesa / ni la hez de una hez, se derrumbe en la huesa / el burlesco legado de una estéril pavesa.

En idéntica obsesión de la muerte, Ramón López Velarde confiesa angustiado que la pródiga vida

… se derrama en el falso / festín y en el suplicio de mi hambre creciente / como una cornucopia se vuelca en un cadalso.

Y más aún cuando sobrepone las imágenes de la vida plena y de la muerte inevitable. Así en el final del poema en que ha cantado con sensual arrobamiento los dientes de una mujer, acomodados a la perfección en el acueducto infinitesimal de la encía, se detiene y, de pronto, pasando sin transición del madrigal erótico a la visión macabra, dice:

Porque la tierra traga todo pulcro amuleto / y tus dientes de ídolo han de quedarse mondos / en la mueca erizada del hostil esqueleto.

De todos los poemas de Ramón López Velarde, tres de *Zozobra*: «La lágrima», «Hormigas», «Te honro en el espanto», ilustran mejor que los versos sueltos que he subrayado, esta afinidad de atmósferas, de obsesiones y aun de expresiones que López Velarde no fue a buscar sino a reconocer como suyas en Baudelaire.

Influencias precisas han sido señaladas en la obra de Ramón López Velarde. Se ha hablado de Luis Carlos López. Con igual justicia puede hablarse de Julio Herrera Reissig. Y con mayor exactitud de Leopoldo Lugones. Pienso que más que de una influencia de la poesía de Luis Carlos López en la de López Velarde, sería exacto señalar ciertas afinidades superficiales y de orden puramente temático. Estas afinidades aparecen solo en *La sangre devota*, y conviene subrayar que el levísimo aire de familia lo da la provincia, semejante si no igual en todas partes, en Colombia y en México. Pero el tono irónico y amargo, el relieve caricaturesco o satírico, no siempre limpiamente logrado en la poesía de Luis Carlos López, está ausente de la de López Velarde. Ciertas expresiones de Julio Herrera Reissig y el uso de palabras rebuscadas hacen que algunos versos del uruguayo puedan ser confundidos, en una primera lectura, con otros de Ramón López Velarde. Pero el gusto —ese don que mantiene al poeta en equilibrio— es siempre mejor en el mexicano que en Herrera Reissig que, junto a indudables aciertos de expresión, coloca, sin parecer distinguirlos, verdaderos fracasos de su ambición por lograr imágenes inesperadas. Además, el amor a lo decorativo por lo decorativo que es un vicio de la poesía «modernista» no aparece, por fortuna, en la poesía del mexicano López Velarde.

Una tentativa por alcanzar la expresión lugoniana le parecen a Antonio Castro Leal ciertos poemas de Ramón López Velarde. Hay mucha finura y verdad en esta observación, que ilustra citando unos versos de López Velarde:

Mi virtud de sentir se acoge a la divisa / del barómetro lúbrico que en su enagua violeta / los volubles matices de los climas sujeta / con una probidad instantánea y precisa.

a los que es fácil añadir estos en que habla de

los astros y el perímetro jovial de las mujeres / el centelleo de tus zapatillas, / la llamarada de tu falda lúgubre, / el látigo incisivo de tus cejas.

Y aun otros en que el Lugones del *Lunario Sentimental* hace acto de presencia:

Obesidad de aquellas lunas que iban / rodando, dormilonas y coquetas, / por un absorto azul / sobre los árboles de las banquetas.

En realidad, tanto como una influencia patente en ciertos efectos de técnica aprendida en la magnífica escuela del *Lunario Sentimental*, y en la intención de dar, por los medios menos usuales, en el blanco, es un ejemplo para Ramón López Velarde la poesía de Lugones. Lugones era, para nuestro poeta, «el más excelso, el más hondo poeta de habla castellana». «La reducción de la vida sentimental a ecuaciones psicológicas –reducción intentada por Góngora– ha sido consumada por Lugones» escribía López Velarde en un artículo en el que, también, habla con mucha lucidez del papel que representa el sentido crítico en la creación poética. «El sistema poético se ha convertido en sistema crítico» decía. Mejor juez de sí mismo que de los demás, la predilección de López Velarde por Lugones es inteligente y revela y afirma, además, su temperamento frente al del poeta argentino. Las palabras que acerca del lugar común escribió Lugones en el prólogo del *Lunario Sentimental* parecen no haber sido olvidadas jamás por Ramón López Velarde.

Pero, tal vez no sea preciso ir a buscar la clave psicológica de la composición poética en Ramón López Velarde, más allá de la pasión atenta que ponía en alcanzar imágenes inesperadas, relaciones sutiles y al mismo tiempo precisas entre los seres y las cosas. Idéntica pasión ponía en odiar, como al peor enemigo, el lugar común, la expresión borrosa y gastada, moneda que pasa de mano en mano sin dejar ni permitir una huella, lisa y convencional, sin otro valor que el que le asigna la costumbre.

De buena gana habría creado todo un lenguaje para su uso personal, como dicen que parece haber sido el propósito de Góngora, a quien amaba con pasión. Pero, dar nuevos nombres a las cosas, lo habría confinado en el círculo de la razón perfecta; es decir, en el círculo de la locura. Como a todo buen poeta, le quedaba el recurso de hacer pasar los nombres por la prueba de fuego del adjetivo: de ella salían vueltos a crear, con la forma inusitada, diferente, que pretendía y muy a menudo alcanzaba a darles. Recobrando una facultad paradisíaca, se dio, como Adán o como Linneo, a nombrar las cosas, adjetivándolas de modo que en sus manos, los párpados, son los «párpados narcóticos»; la cintura «la música cintura», y el camino, «el camino rubí». Fue así como se convirtió en el creador, en el inventor de expresiones, de flores inauditas.

A través de toda la obra de Ramón López Velarde, desde las páginas de *La sangre devota* hasta los poemas que formaron *El son del corazón*, la presencia de la Biblia se hace sentir. Mas no como una fuente de imágenes decorativas –a las que los poetas llamados modernistas fueron tan afectos– sino como un alimento indispensable para la nutrición del espíritu y para la expresión de su personalidad.

Como un cuerpo abrazado estrechamente al suyo, la llevó a través de toda su vida poética, no como un botín de guerra ni como una romántica carga sino como un cuerpo al que, a fuerza de amarlo, llegara a no distinguirlo del suyo propio.

La mitología cristiana no le sirve como la mitología grecolatina a Góngora para hacer más culta y ornamentada su poesía, sino para hacerla más sincera, como si formara parte de una vida vivida o al menos deseada por Ramón López Velarde. Cuando en un poema de *La sangre devota* quiere quedarse a dormir en la almohada de los brazos de seda de una mujer, nuestro poeta confiesa ingenuamente que es

para ver en la noche ilusionada, / la Escala de Jacob llena de ensueños.

Las mujeres que pasan por sus poemas tienen nombres bíblicos: Ruth, Rebeca, Sara. A esta última la encuentra ya no pérfida como la onda, sino flexible «como la honda de David».

En un curioso ritornello, en varias poesías aparece el nombre de Sion. A veces le pide a una mujer que lo lleve a Sion de la mano; otras queda desolado al ver que las mujeres que van rumbo a Sion, lo abandonan. También se asoma al pecho de una mujer y lo halla «claro de Purgatorio y de Sion».

Hubiera querido ser uno de los reyes de Israel, cuando el miedo –que en López Velarde tiene caracteres de obsesión–, de llegar a la hora «reseca e impotente de la vejez» lo asalta. Clama entonces porque no le falte la tibieza de la compañía de la mujer providente

con los reyes caducos que ligaban las hoces / de Israel, y cantaban / en salmos, y dormían sobre pieles feroces.

Halla, sobre todo, en el Antiguo Testamento, el zumo concentrado de las vides que son a un tiempo salud, religiosidad, alegría y deleite y que le darán no la embriaguez innoble de Noé sino la embriaguez perfecta de la lucidez.

Así, desde las alusiones, paradisíacas cuando se confiesa:

Alerta al violín / del querubín / y susceptible al / manzano terrenal

o cuando quisiera con una lágrima de gratitud «salar el paraíso», hasta el curioso cuadro, que hace pensar en una adorable composición de El Bosco, en que se imagina en la Tebaida bajo un vuelo de cuervos:

El cuervo legendario que nutre al cenobita, / vuela por mi Tebaida sin dejarme su pan, / otro cuervo transporta una flor inaudita, / otro lleva en el pico a la mujer de Adán, / y, sin verme siquiera, los tres cuervos se van.

Las cuarenta noches del Diluvio dejaron en López Velarde una impresión que aparece en sus poemas convertida en alusiones o en imágenes referidas a un estado de ánimo personal:

Ya mi lluvia es diluvio, y no miraré el rayo / de sol sobre mi arca, porque ha de quedar roto / mi corazón la noche cuadragésima.

o bien:

Ámbar, canela, harina y nube / que en mi carne al tejer sus
mimos, / se eslabonan con el efluvio / que ata los náufragos
racimos / sobre las crestas del diluvio.

Otra vez no es el Génesis sino el Éxodo. La plasticidad y el
misterio de la cortina de humo y de fuego que servía de guía a
Moisés y a los israelitas al salir de Egipto, reaparece con igual
misterio y con singular intimidad cuando dice a una mujer:

Tu tiniebla / guiaba mis latidos, cual guiaba / la columna
de fuego al israelita

Y, luego, el libro de los Números, con el precioso mito
de las doce tribus, le sirve para comparar los dientes de una
mujer con el maná

Con que sacia su hambre y su retina / la docena de tribus
que en tu voz se fascina.

Menos que el Antiguo, el Nuevo Testamento le sirve para
alcanzar plenamente la expresión de sus particulares y angus-
tiadas voces. No obstante, cuando imagina un retorno, un
retorno maléfico a su pueblo, piensa en el hijo pródigo de la
parábola contada por San Mateo, que regresa, ahora, a un pue-
blo mexicano, despedazado por la metralla de la guerra civil.

Y la fusilería grabó en la cal / de todas las paredes / de la aldea espectral, / negros y aciagos mapas, / porque en ellos leyera el hijo pródigo / al volver a su umbral, / en un anochecer de maleficio, / a la luz de petróleo de una mecha / su esperanza deshecha.

Y al cantar a las provincianas mártires, revive, en una anécdota de su pueblo natal, la crueldad de Herodes diciendo:

Gime también esta epopeya, escrita / a golpes de inocencia, cuando Herodes / a un niño de mi pueblo decapita.

Su primera vocación de seminarista no está ausente de este amor a la Biblia que, *amada en el amado transformada*, ni las más profanas aventuras de los sentidos lograrían arrancarle después.

La religión cristiana con sus misterios y la Iglesia católica con sus oficios, símbolos y útiles, sirve a Ramón López Velarde para alcanzar la expresión de sus íntimas y secretas intuiciones. Su vocación de seminarista se halla, como en el caso de la Biblia, presente en este conocimiento preciso de la forma que la Iglesia ha aprobado para celebrar los oficios divinos, Pronto se advierte en su poesía una familiaridad con objetos y símbolos que está muy lejos de ser rebuscada.

Además, la obsesión intensa de ciertas atmósferas donde se mezcla la riqueza de los ornamentos y su contrario: la miseria de la «grey astrosa» que asiste no a las catedrales magníficas sino a las oscuras y miserables iglesias.

Una estrofa de un poema de *Zozobra* nos da la clave de sus preferencias:

> Mi espíritu es un paño de ánimas, un paño / de ánimas de iglesia siempre menesterosa, / es un paño de ánimas goteado de cera, / hollado y roto por la grey astrosa

descubriendo la correspondencia entre el drama de su espíritu y el que parece alentar —y alienta— en los recintos en que la religión de Cristo representa, como en un misterioso teatro, sus oficios y recibe, como espectadores y actores a un solo tiempo, a sus fieles.

Y más aún, Ramón López Velarde parece no estar conforme al comparar su espíritu con un paño de ánimas; necesita, para ser exacto, que el paño de ánimas se halle manchado, hollado, roto; necesita añadir estos epítetos para hacer más palpable su miseria. De igual modo cuando se compara con una nave de parroquia, se apresura a añadir: «de parroquia en penuria».

La pasión de Cristo es también su pasión. Su alma es el vinagre; su dolor, una ofrenda; y Cristo no es el Cristo de todos sino el suyo:

Mas hoy es un vinagre / mi alma, y mi ecuménico dolor un holocausto / que en el desierto humea. / Mi Cristo ante la esponja de las hieles, jadea / con la árida agonía de un corazón exhausto.

El vinagre, la esponja, las hieles y también los clavos y las espinas de la pasión de Cristo son también instrumentos de su pasión eterna, que es la pasión amorosa.

Oleos, cíngulos, custodias y cirios aparecen en sus poemas con particular e íntimo significado. Y aun en los accidentes del paisaje exterior, y en sus transformaciones, encuentra una relación poética con los objetos litúrgicos. Es así como halla:

La estola de violetas en los hombros del Alba, / el cíngulo morado de los atardeceres.

Las llamas del purgatorio y del infierno de la mitología cristiana, asoman sus lenguas de fuego en la poesía de López Velarde como en los cuadros de ánimas de las iglesias. Y aun en la boca de una mujer reaparecen:

Tu boca, en que la lengua vibra asomada al mundo / como réproba llama saliéndose de un horno.

Y de su mismo corazón nos dice:

Yo lo lanzara un día como lengua de fuego / que se saca de un ínfimo purgatorio a la luz.

Otras veces, la poesía de la Salve que es para Ramón López Velarde un óleo y una fuente, lo hace temblar con un temblor infantil.

Y así, en interminable teoría, sacramentos y misterios de la religión cristiana le sirven para hacer más expresivos los estados de un alma en que, con temperamento erótico, se abraza, indistintamente, de la mujer y de la religión. «Una virgen fue mi catecismo», confiesa en *El son del corazón*. Y, en el mismo libro:

Dios que me ve que sin mujer no atino / en lo pequeño ni en lo grande, dióme / de ángel guardián un ángel femenino.

Y así como a la religión misma la impregna de un sentido erótico, todo cuanto mira y toca, aun lo más inerte, se humaniza y estremece al menor contacto con el poeta:

En mi vida feliz no hubo cosa, / de cristal, terracota o madera, / que, abrazada por mí, no tuviera / movimientos humanos de esposa.

Expresada con lucidez extraordinaria, escondida en una de las páginas de *El minutero* hallamos la conciencia de este modo singular de ser: «Nada puedo entender ni sentir sino a través de la mujer. De aquí que a las mismas cuestiones abstractas me llegue con temperamento erótico». Hasta la muerte lo acompañó el temperamento erótico, que, como su poesía, no conoció decadencia ni ocaso, porque –consecuente con su propia profecía–, su sed de amor fue como una argolla empotrada en la losa de su tumba.

En la poesía mexicana, la obra de Ramón López Velarde es, hasta ahora, la más intensa, la más atrevida tentativa de revelar el alma oculta de un hombre; de poner a flote las más sumergidas e inasibles angustias; de expresar los más vivos tormentos y las recónditas zozobras del espíritu ante los llamados del erotismo, de la religiosidad y de la muerte.

Xavier Villaurrutia

POEMAS ESCOGIDOS

DE *LA SANGRE DEVOTA*

SER UNA CASTA PEQUEÑEZ...

Fuérame dado remontar el río
de los años, y en una reconquista
feliz de mi ignorancia, ser de nuevo
la frente limpia y bárbara del niño...

Volver a ser el arrebol, y el húmedo
pétalo, y la llorosa y pulcra infancia
que deja el baño por secarse al sol...

Entonces, con instinto maternal,
me subirías al regazo, para
interrogarme, Amor, si eres querida
hasta el agua inmanente de tu pozo
o hasta el penacho tornadizo y frágil
de tu naranjo en flor.

Yo, sintiéndome bien en la aromática
vecindad de tus hombros y en la limpia

fragancia de tus brazos,
te diría quererte más allá
de las torres gemelas.

Dejarías entonces en la bárbara
novedad de mi frente
el beso inaccesible
a mi experiencia licenciosa y fúnebre.

¿Por qué en la tarde inválida,
cuando los niños pasan por tu reja,
yo no soy una casta pequeñez
en tus manos adictas
y junto a la eficacia de tu boca?

POBRECILLA SONÁMBULA...

CON planta impoderable
cruzas el mundo y cruzas mi conciencia,
y es tu sufrido rostro como un éxtasis
que se dilata en una transparencia.

¡Pobrecilla sonámbula!
Pareces, en tu ruta de novicia,
ir diciendo al azar: «No me hagáis daño;
temo que me maltrate una caricia».

Devuelves su matiz inmaculado
al paisaje ilusorio en que te posas
y restituyes en su integridad
inocente a los hombres y a las cosas.

Así cruzas el mundo
con ingrávidos pies, y en transparencia
de éxtasis se adelgaza tu perfil,
y vas diciendo: «Marcho en la clemencia,
soy la virginidad del panorama
y la clara embriaguez de tu conciencia».

MI PRIMA ÁGUEDA

Mi madrina invitaba a mi prima Águeda
a que pasara el día con nosotros,
y mi prima llegaba

con un contradictorio
prestigio de almidón y de temible
luto ceremonioso.

Águeda aparecía, resonante
de almidón, y sus ojos
verdes y sus mejillas rubicundas
me protegían contra el pavoroso
luto...
       Yo era rapaz
y conocía la o por lo redondo,
y Águeda, que tejía
mansa y perseverante en el sonoro
corredor, me causaba
calosfríos ignotos...
(Creo que hasta la debo la costumbre
heroicamente insana de hablar solo).

A la hora de comer, en la penumbra
quieta del refectorio,
me iba embelesando un quebradizo
sonar intermitente de vajilla
y el timbre caricioso

de la voz de mi prima.
                              Águeda era
(luto, pupilas verdes y mejillas
rubicundas) un cesto policromo
de manzanas y uvas
en el ébano de un armario añoso.

CUARESMAL

Tu paz –¡oh paz de cada día!
y mi dolor que es inmortal,
se han de casar, Amada mía,
en una noche cuaresmal.

Quizá en un Viernes de Dolores,
cuando se anuncian ya las flores
y en el altar que huele a lirios
el casto pecho de María
sufre por nos siete martirios;
mientras la luna, amada mía,
deja caer sus tenues franjas
de luz de ensueño sideral

sobre las místicas naranjas
que, por el arte virginal
de las doncellas de la aldea,
lucen banderas de papel
e irisaciones de oropel
sobre la piel que amarillea.

Fuensanta: al amor aventurero
de cálidas mujeres, azafatas
súbditas de la carne, te prefiero
por la frescura de tus manos gratas.

Yo te convido, dulce Amada,
a que te cases con mi pena
entre los vasos de cebada
la última noche de novena.

Te ha de cubrir la luna llena
con luz de túnica nupcial
y nos dará la Dolorosa
la bendición sacramental.

Y así podré llamarte esposa,
y haremos juntos la dichosa
ruta evangélica del bien
hasta la eterna gloria.

AMÉN

En las tinieblas húmedas...

En las alas obscuras de la racha cortante
me das al mismo tiempo una pena y un goce:
algo como la helada virtud de un seno blando,
algo en que se confunden el cordial refrigerio
y el glacial desamparo de un lecho de doncella.

He aquí que en la impensada tiniebla de la muda
ciudad, eres un lampo ante las fauces lóbregas
de mi apetito; he aquí que en la húmeda tiniebla
de la lluvia, trasciendes a candor como un lino
recién lavado, y hueles, como él, a cosa casta;
he aquí que entre las sombras regando estás la esencia
del pañolín de lágrimas de alguna buena novia.

Me embozo en la tupida obscuridad, y pienso
para ti estos renglones, cuya rima recóndita
has de advertir en una pronta adivinación
porque son como pétalos nocturnos, que te llevan
un mensaje de un singular calosfrío;
y en las tinieblas húmedas me recojo, y te mando
estas sílabas frágiles en tropel, como ráfaga
de misterio, al umbral de tu espíritu en vela.

Toda tú te deshaces sobre mí como una
escarcha, y el traslúcido meteoro prolóngase
fuera del tiempo; y suenan tus palabras remotas
dentro de mí, con esa intensidad quimérica
de un reloj descompuesto que da horas y horas
en una cámara destartalada...

NUESTRAS VIDAS SON PÉNDULOS

¿DÓNDE estará la niña
que en aquel lugarejo
una noche de baile
me habló de sus deseos

de viajar y me dijo
su tedio?

Gemía el vals por ella,
y ella era un boceto
lánguido: unos pendientes
de ámbar, y un jazmín
en el pelo.

Gemían los violines
en el torpe quinteto…
E ignoraba la niña
que al quejarse de tedio
conmigo, se quejaba
con un péndulo.

Niña que me dijiste
en aquel lugarejo
una noche de baile
confidencias de tedio:
dondequiera que exhales
tu suspiro discreto,
nuestras vidas son péndulos…

Dos péndulos distantes
que oscilan paralelos
en una misma bruma
de invierno.

ME ESTÁS VEDADA TÚ…

¿IMAGINAS acaso la amargura
que hay en no convivir
los episodios de tu vida pura?

Me está vedado conseguir que el viento
y la llovizna sean comedidos
con tu pelo castaño.

Me está vedado oír en los latidos
de tu paciente corazón (sagrario
de dolor y clemencia)
la fórmula escondida
de mi propia existencia.

Me está vedado, cuando te fatigas
y se fatiga hasta tu mismo traje,
tomarte en brazos, como quien levanta
a su propia ilusión incorruptible
hecha fantasma que renuncia al viaje.

Despertarás una mañana gris
y verás, en la luna de tu armario,
desdibujarse un puño
esquelético, y ante el funerario
aviso, gritarás las cinco letras
de mi nombre, con voz pávida y floja,
¡y yo me hallaré ausente
de tu final congoja!

¿Imaginas acaso
mi amargura impotente?
Me estás vedada tú… Soy un fracaso
de confesor y médico que siente
perder a la mejor de sus enfermas
y a su más efusiva penitente.

Hermana, hazme llorar

Fuensanta:
dame todas las lágrimas del mar.
Mis ojos están secos y yo sufro
unas inmensas ganas de llorar.

Yo no sé si estoy triste por el alma
de mis fieles difuntos
o porque nuestros mustios corazones
nunca estarán sobre la tierra juntos.

Hazme llorar, hermana,
y la piedad cristiana
de tu manto inconsútil
enjúgueme los llantos con que llore
el tiempo amargo de mi vida inútil.

Fuensanta:
¿tú conoces el mar?
dicen que es menos grande y menos hondo
que el pesar.
Yo no sé ni por qué quiero llorar:

será tal vez por el pesar que escondo,
tal vez por mi infinita sed de amar.

Hermana:
dame todas las lágrimas del mar...

En el piélago veleidoso

Entré a la vasta veleidad del piélago
con humos de pirata...
Y me sentía ya un poco delfín
y veía la plata
de los flancos de la última sirena,
cuando mi devaneo
anacrónico viose reducido
a un amago humillante de mareo.

Mas no guardo rencor
a la inestable eternidad de espuma
y efímeros espejos.
Porque sobre ella fui como una suma
de nostalgias y arraigos, y sobre ella

me sentí, en alta mar,
más de viaje que nunca y más fincado
en la palma de aquella mano impar.

LA TEJEDORA

TARDE de lluvia en que se agravan
al par que una íntima tristeza
un desdén manso de las cosas
y una emoción sutil y contrita que reza.

Noble delicia desdeñar
con un desdén que no se mide,
bajo el equívoco nublado:
alba que se insinúa, tarde que se despide.

Solo tú no eres desdeñada,
pálida que, al arrimo de la turbia vidriera,
tejes en paz en la hora gris
tejiendo los minutos de inmemorial espera.

Llueve con quedo sonsonete,
nos da el relámpago luz de oro
y entra un suspiro, un vuelo de ave fragante y húmeda,
a buscar tu regazo, que es refugio y decoro.

¡Oh, yo podría poner mis manos
sobre tus hombros de novicia
y sacudirte en loco vértigo
por lograr que cayese sobre mí tu caricia,
cual se sacude el árbol prócer
(que preside las gracias floridas de un vergel)
por arrancarle la primicia
de sus hojas provectas y sus frutos de miel!

Pero pareces balbucir,
toda callada y elocuente:
«Soy un frágil otoño que teme maltratarse»
e infiltras una casta quietud convaleciente
y se te ama en una tutela suave y leal,
como a una párvula enfermiza
hallada por el bosque un día de vendaval.

Tejedora: teje en tu hilo
la inercia de mi sueño y tu ilusión confiada;
teje el silencio; teje la sílaba medrosa
que cruza nuestros labios y que no dice nada;
teje la fluida voz del Angelus
con el crujido de las puertas:
teje la sístole y la diástole
de los penados corazones
que en la penumbra están alertas.

Divago entre quimeras difuntas y entre sueños
nacientes, y propenso a un llanto sin motivo,
voy, con el ánima dispersa
en el atardecer brumoso y efusivo,
contemplándote, Amor, a través de una niebla
de pésame, a través de una cortina ideal
de lágrimas, en tanto que tejes dicha y luto
en un limbo sentimental.

A Sara

A mi paso y al azar te desprendiste
como el fruto más profano
que pudiera concederme la benévola
actitud de este verano.

(Blonda Sara, uva en sazón: mi apego franco
a tu persona, hoy me incita
a burlarme de mi ayer, por la inaudita
buena fe con que creí mi sospechosa
vocación, la de un levita).

Sara, Sara: eres flexible cual la honda
de David, y contundente
como el lírico guijarro del mancebo;
y das, paralelamente,
una tortura de hielo y una combustión de pira;
y si en vértigo de abismo tu pelo se desmadeja,
todavía, con brazo heroico
y en caída acelerada, sostienes a tu pareja.

Sara, Sara, golosina de horas muelles;
racimo copioso y magno de promisión, que fatigas
el dorso de dos hebreos:
siempre te sean amigas
la llamarada del sol y del clavel; si tu brava
arquitectura se rompe como un hilo inconsistente,
que bajo la tierra lóbrega
esté incólume tu frente;
y que refulja tu blonda melena, como tesoro
escondido; y que se guarden indemnes como real sello
tus brazos y la columna
de tu cuello.

LA TÓNICA TIBIEZA

¿Cómo será esta sed constante de veneros
femeninos, de agua que huye y que regresa?
¿Será este afán perenne, franciscano o polígamo?

Yo no sé si está presa
mi devoción en la alta
locura del primer
teólogo que soñó con la primera infanta,

o si, atávicamente, soy árabe sin cuitas
que siempre está de vuelta de la cruel continencia
del desierto, y que en medio de un júbilo de huríes,
las halla a todas bellas y a todas favoritas.

No sé… Más que en la hora reseca e impotente
de mi vejez, no falte la tónica tibieza
mujeril, providente
con los reyes caducos que ligaban las hoces
de Israel, y cantaban
en salmos, y dormían sobre pieles feroces.

¿QUÉ SERÁ LO QUE ESPERO?

Tus otoños me arrullan
en coro de quimeras obstinadas;
vas en mí cual la venda va en la herida;
en bienestar de placidez me embriagas;
la luna lugareña va en tus ojos,
¡oh blanda que eres entre todas blanda!,
y no sé todavía
que esperarán de ti mis esperanzas.

Si vas dentro de mí, como una inerme
doncella por la zona devastada
en que ruge el pecado, y si las fieras
atónitas se echan cuando pasas;
si has sido menos que una melodía
suspirante que flota sobre el ánima
y más que una pía salutación;
si de tu pecho asciende una fragancia
de limón, cabalmente refrescante
e inicialmente ácida;
si mi voto es que vivas dentro de una
virginidad perenne y aromática,
vuélvese un hondo enigma
lo que de ti persigue mi esperanza.

¿Qué me está reservado
de tu persona etérea? ¿Qué es la arcana
promesa de tu ser? Quizá el suspiro
de tu propio existir; quizá la vaga
anunciación penosa de tu rostro;
la cadencia balsámica
que eres tú misma, incienso y voz de armónium
en la tarde llovida y encalmada…

De toda ti me viene
la melodiosa dádiva
que me brindó la escuela
parroquial, en una hora ya lejana,
en que unas voces núbiles
y lentas ensayaban,
en un solfeo cristalino y simple
una lección de Eslava.

Y de ti y de la escuela
pido el cristal, pido las notas llanas,
para invocarte ¡oscura
y radiosa esperanza!
con una *a* colmada de presentes,
con una *a* impregnada
del licor de un banquete espiritual:
¡ara mansa, ala diáfana, alma blanda,
fragancia casta y ácida!

Yo te digo: «Alma mía, tú saliste
con vestido nupcial de la plomiza
eternidad, como saldría una ala
del nimbus que se eriza
de rayos; y mañana has de volver
al metálico nimbus,
llevando, entre tus velos virginales,
mi ánima impoluta
y mi cuerpo sin males».
Mas mi labio, que osa
decir palabras de inmortalidad,
se ha de pudrir en la húmeda
tiniebla de la fosa.

Mi corazón te dice: «Rosa intacta,
vas dibujada en mí con un dibujo
incólume, e irradias en mi sombra
como un diamante en un raso de lujo».
Mi corazón olvida
que engendrará al gusano
mayor, en una asfixia corrompida.

Siempre que inicio un vuelo
por encima de todo,
un demonio sarcástico maúlla
y me devuelve al lodo.

Tú misma, blanca ala que te elevas
en mi horizonte, con la compostura
beata de las palomas de los púlpitos,
y que has compendiado en tu blancura
un anhelo infinito,
solo serás en breve
un lacónico grito
y un desastre de plumas, cual rizada
y dispersada nieve.

Y PENSAR QUE PUDIMOS...

Y pensar que extraviamos
la senda milagrosa
en que se hubiera abierto
nuestra ilusión, como perenne rosa...

Y pensar que pudimos
enlazar nuestras manos
y apurar en un beso
la comunión de fértiles veranos…

Y pensar que pudimos,
en una onda secreta
de embriaguez, deslizarnos,
valsando un vals sin fin, por el planeta…

Y pensar que pudimos,
al rendir la jornada,
desde la sosegada
sombra de tu portal y en una suave
conjunción de existencias,
ver las cintilaciones del zodíaco
sobre la sombra de nuestras conciencias…

DE *ZOZOBRA*

Hoy como nunca...

Hoy, como nunca, me enamoras y me entristeces;
si queda en mí una lágrima, yo la excito a que lave
nuestras dos lobregueces.

Hoy, como nunca, urge que tu paz me presida;
pero ya tu garganta solo es una sufrida
blancura, que se asfixia bajo toses y toses,
y toda tú una epístola de rasgos moribundos
colmada de dramáticos adioses.

Hoy, como nunca, es venerable tu esencia
y quebradizo el vaso de tu cuerpo,
y solo puedes darme la exquisita dolencia
de un reloj de agonías, cuyo tic-tac nos marca

el minuto de hielo en que los pies que amamos
han de pisar el hielo de la fúnebre barca.

Yo estoy en la ribera y te miro embarcarte:
huyes por el río sordo, y en mi alma destilas
el clima de esas tardes de ventisca y de polvo
en las que doblan solas las esquilas.

Mi espíritu es un paño de ánimas, un paño
de ánimas de iglesia siempre menesterosa;
es un paño de ánimas goteado de cera,
hollado y roto por la grey astrosa.

No soy más que una nave de parroquia en penuria,
nave en que se celebran eternos funerales,
porque una lluvia terca no permite
sacar el ataúd a las calles rurales.

Fuera de mí, la lluvia; dentro de mí, el clamor
cavernoso y creciente de un salmista;
mi conciencia, mojada por el hisopo, es un
ciprés que en una huerta conventual se contrista.

Ya mi lluvia es diluvio, y no miraré el rayo
del sol sobre mi arca, porque ha de quedar roto
mi corazón la noche cuadragésima;
no guardan mis pupilas ni un matiz remoto
de la lumbre solar que tostó mis espigas;
mi vida solo es una prolongación de exequias
bajo las cataratas enemigas.

TRANSMÚTASE MI ALMA...

TRANSMÚTASE mi alma en tu presencia
como un florecimiento
que se vuelve cosecha.

Los amados espectros de mi rito
para siempre me dejan;
mi alma se desazona
como pobre chicuela
a quien prohíben en el mes de mayo
que vaya a ofrecer flores en la iglesia.

Mas contemplo en tu rostro
la redecilla de medrosas venas,
como una azul sospecha
de pasión, y camino en tu presencia
como en campo de trigo en que latiese
una misantropía de violetas.

Mis lirios van muriendo, y me dan pena;
pero tu mano pródiga acumula
sobre mí sus bondades veraniegas,
y te respiro como a un ambiente
frutal; como en la fiesta
del Corpus respiraba hasta embriagarme
la fruta del mercado de mi tierra.

Yo desdoblé mi facultad de amor
en liviana aspereza
y suave suspirar de monaguillo;
pero tú me revelas
el apetito indivisible, y cruzas
con tu antorcha inefable
incendiando mi pingüe sementera.

El viejo pozo

El viejo pozo de mi vieja casa
sobre cuyo brocal mi infancia tantas veces
se clavaba de codos, buscando el vaticinio
de la tortuga, o bien el iris de los peces,
es un compendio de ilusión
y de históricas pequeñeces.

Ni tortuga, ni pez; sólo el venero
que mantiene su estrofa concéntrica en el agua
y que dio fe del ósculo primero
que por 1850 unió las bocas
de mi abuelo y mi abuela... ¡Recurso lisonjero
con que los generosos hados
dejan caer un galardón fragante
encima de los desposados!
Besarse, en un remedo bíblico, junto al pozo,
y que la boca amada trascienda a fresco gozo
de manantial, y que el amor se profundice,
en la pareja que lo siente,
como el hondo venero providente...

En la pupila liquida del pozo
espejábanse, en años remotos, los claveles
de una maceta; más la arquitectura
ágil de las cabezas de dos o tres corceles,
prófugos del corral; más la rama encorvada
de un durazno; y en época de mayor lejanía
también se retrataban en el pozo
aquellas adorables señoras en que ardía
la devoción católica y la brasa de Eros;
suaves antepasadas, cuyo pecho lucía
descotado, y que iban, con tiesura y remilgo,
a entrecerrar los ojos a un palco a la zarzuela,
con peinados de torre y con vertiginosas
peinetas de carey. Del teatro a la Vela
Perpetua, ya muy lisas y muy arrebujadas
en la negrura de sus mantos.
Evoco, todo trémulo, a estas antepasadas
porque heredé de ellas el afán temerario
de mezclar tierra y cielo, afán que me ha metido
en tan graves aprietos en el confesonario.

En una mala noche de saqueo y de política
que los beligerantes tuvieron como norma

equivocar la fe con la rapiña, al grito
de «¡Religión y Fueros!» y «¡Viva la Reforma!»
una de mis geniales tías,
que tenía sus ideas prácticas sobre aquellas
intempestivas griterías,
y que en aquella lucha no siguió otro partido
que el de cuidar los cortos ahorros de mi abuelo,
tomó cuatro talegas y con un decidido
brazo las arrojó en el pozo, perturbando
la expectación de la hora ingrata
con un estrépito de plata.

Hoy cuentan que mi tía se aparece a las once
y que, cumpliendo su destino
de tesorera fiel, arroja sus talegas
con un ahogado estrépito argentino.

Las paredes del pozo, con un tapiz de lama
y con un centelleo de gotas cristalinas,
eran como el camino de esperanza en que todos
hemos llorado un poco... Y aquellas peregrinas
veladas de mayo y de junio
mostráronme del pozo el secreto de amor;

preguntaba el durazno: «¿Quién es Ella?»,
y el pozo, que todo lo copiaba, respondía
no copiando más que una sola estrella.

El pozo me quería senilmente; aquel pozo
abundaba en lecciones de fortaleza, de alta
discreción, y de plenitud...
Pero hoy, que su enseñanza de otros tiempos me falta,
comprendo que fui apenas un alumno vulgar
con aquel taciturno catedrático,
porque en mi diario empeño no he podido lograr
hacerme abismo y que la estrella amada,
al asomarse a mí, pierda pisada.

TU PALABRA MÁS FÚTIL...

MAGDALENA, conozco que te amo
en que la más trivial de tus acciones
es pasto para mí, como la miga
es la felicidad de los gorriones.

Tu palabra más fútil
es comestible de mi fantasía

y pasa por mi espíritu feudal
como un rayo de sol por una umbría.

Una mañana (en que la misma prosa
del vivir se tornaba melodiosa)
te daban un periódico en el tren
y rehusaste, diciendo con voz cálida:
«¿Para qué me das esto?» Y estas cinco
breves palabras de tu boca pálida
fueron como un joyel que todo el día
en mi capilla estuvo manifiesto;
y en la noche, sonaba tu pregunta:
«¿Para qué me das esto?»

Y la tarde fugaz que en el teatro
repasaban tus dedos, Magdalena,
la dorada melena
de un chiquillo… Y el prócer ademán
con que diste limosna a aquel anciano…
Y tus dientes que van
en sonrisa ondulante, cual resúmenes
del sol, encandilando la insegura
pupila de los viejos y los párvulos…

Tus dientes, en que están la travesura
y el relámpago de un pueril espejo
que aprisiona del sol una saeta
y clava el rayo férvido en los ojos
del infante embobado
que en su cuna vegeta...

También yo, Magdalena, me deslumbro
en tu sonrisa férvida; y mis horas
van a tu zaga, hambrientas y canoras,
como va tras el ama, por la holgura
de un patio regional, el cortesano
séquito de palomas que codicia
la gota de agua azul y el rubio grano.

QUE SEA PARA BIEN...

YA no puedo dudar... Diste muerte a mi cándida
niñez, toda olorosa a sacristía, y también
diste muerte al liviano chacal de mi cartuja.
Que sea para bien...

Ya no puedo dudar... Consumaste el prodigio
de, sin hacerme daño, sustituir mi agua clara
con un licor de uvas... Y yo bebo
el licor que tu mano me depara.

Me revelas la síntesis de mi propio zodíaco:
el León y la Virgen. Y mis ojos te ven
apretar en los dedos —como un haz de centellas—
éxtasis y placeres. Que sea para bien...

Tu palidez denuncia que en tu rostro
se ha posado el incendio y ha corrido la lava...
Día último de marzo; emoción; aves; sol...
Tu palidez volcánica me agrava.

¿Ganaste ese prodigio de pálida vehemencia
al huir, con un viento de ceniza,
de una ciudad en llamas? ¿O hiciste penitencia
revolcándote encima del desierto? ¿O, quizá,
te quedaste dormida en la vertiente
de un volcán y la lava corrió sobre tu boca
y calcinó tu frente?

¡Oh tú, reveladora, que traes un sabor
cabal para mi vida, y la entusiasmas:
tu triunfo es sobre un motín de satiresas
y un coro plañidero de fantasmas!

Yo estoy en la vertiente de tu rostro, esperando
las lavas repentinas que me den
un fulgurante goce. Tu victorial y pálido
prestigio ya me invade… ¡Que sea para bien!

LA MANCHA DE PÚRPURA

ME impongo la costosa penitencia
de no mirarte en días y días, porque mis ojos,
cuando por fin te miren, se aneguen en tu esencia
como si naufragasen en un golfo de púrpura,
de melodía y de vehemencia.

Pasa el lunes, y el martes, y el miércoles… Yo sufro
tu eclipse, oh creatura solar; mas en mi duelo
el afán de mirarte se dilata
como una profecía; se descorre cual velo

paulatino; se acendra como miel; se aquilata
como la entraña de las piedras finas;
y se aguza como el llavín
de la celda de amor de un monasterio en ruinas.

Tú no sabes la dicha refinada
que hay en huirte, que hay en el furtivo gozo
de adorarte furtivamente, de cortejarte
más allá de la sombra, de bajarse al embozo
una vez por semana, y exponer las pupilas,
en un minuto fraudulento,
a la mancha de púrpura de tu deslumbramiento.

En el bosque de amor, soy cazador furtivo;
te acecho entre dormidos y tupidos follajes,
como se acecha una ave fúlgida; y de estos viajes
por la espesura, traigo a mi aislamiento
el más fúlgido de los plumajes:
el plumaje de púrpura de tu deslumbramiento.

Día 13

Mi corazón retrógrado
ama desde hoy la temerosa fecha
en que surgiste con aquel vestido
de luto y aquel rostro de ebriedad.

Día 13 en que el filo de tu rostro
llevaba la embriaguez como un relámpago
y en que tus lúgubres arreos daban
una luz que cegaba al sol de agosto,
así como se nubla el sol ficticio
en las decoraciones
de los Calvarios de los Viernes Santos.

Por enlutada y ebria simulaste
en la superstición de aquel domingo,
una fúlgida cuenta de abalorio
humedecida en un licor letárgico.

¿En qué embriaguez bogaban tus pupilas
para que así pudiesen
narcotizarlo todo?

Tu tiniebla
guiaba mis latidos, cual guiaba
la columna de fuego al israelita.

Adivinaba mi acucioso espíritu
tus blancas y fulmíneas paradojas:
el centelleo de tus zapatillas,
la llamarada de tu falda lúgubre,
el látigo incisivo de tus cejas
y el negro luminar de tus cabellos.

Desde la fecha de superstición
en que colmaste el vaso de mi júbilo,
mi corazón oscurantista clama
a la buena bondad del mal agüero;
que si mi sal se riega, irán sus granos
trazando en el mantel tus iniciales;
y si estalla mi espejo en un gemido,
fenecerá diminutivamente,
como la desinencia de tu nombre.

Superstición, consérvame el radioso
vértigo del minuto perdurable

en que su traje negro devoraba
la luz desprevenida del cenit,
y en que su falda lúgubre era un bólido
por un cielo de hollín sobrecogido...

No me condenes

Yo tuve, en tierra adentro, una novia muy pobre:
ojos inusitados de sulfato de cobre.
Llamábase María; vivía en un suburbio,
y no hubo entre nosotros ni sombra de disturbio.
Acabamos de golpe: su domicilio estaba
contiguo a la Estación de los ferrocarriles,
y, ¿qué noviazgo puede ser duradero entre
campanadas centrífugas y silbatos febriles?

El reloj de su sala desgajaba las ocho;
era diciembre; y yo departía con ella
bajo la limpidez glacial de cada estrella.
El gendarme, remiso a mi intriga inocente,
hubo de ser, al fin, forzoso confidente.

María se mostraba incrédula y tristona:
yo no tenía traza de una buena persona.
¿Olvidarás acaso, corazón forastero,
el acierto nativo de aquella señorita
que oía y desoía tu pregón embustero?

Su desconfiar ingénito era ratificado
por los perros noctívagos, en cuya algarabía
reforzábase el duro presagio de María.

¡Perdón, María! Novia triste, no me condenes:
cuando oscile el quinqué y se abatan las ocho,
cuando el sillón te mezca, cuando ululen los trenes,
cuando trabes los dedos por detrás de tu nuca,
no me juzgues más pérfido que uno de los silbatos
que turban tu faena y tus recatos.

DESPILFARRAS EL TIEMPO

PROLÓNGASE tu doncellez
como una vacua intriga de ajedrez.

Torneada como una reina
de cedro, ningún jaque te despeina.

Mis peones tantálicos
al rondarte a deshora
fracasan en sus ímpetus vandálicos.

La lámpara sonroja tu balcón;
despilfarras el tiempo y la emoción.

Yo despilfarro, en una absurda espera,
fantasía y hoguera.

En la velada incompatible,
frústrase el yacimiento espiritual
y de nuestras arterias el caudal.

Los pródigos al uso
que vengan a nosotros a aprender
cómo se dilapida todo el ser.

Tu destino y el mío, contrapuestos,
vuelcan el apogeo de la vida

febril e insomne que se va, en la ida
de un cofre que rebosa
y se malgasta en una fecha ociosa.

Las monedas excomulgadas
de nuestro adulto corazón
caen al vacío, con
lúgubre opacidad, cual si cayera
una irreparable sordera.

Y frente al ínclito derroche
de los tesoros que atesora
el yacimiento de las almas, algo
muy hondo en mí se escandaliza y llora.

MI CORAZÓN SE AMERITA...

Mi corazón, leal, se amerita en la sombra.
Yo lo sacara al día, como lengua de fuego
que se saca de un ínfimo purgatorio a la luz;
y al oírlo batir su cárcel, yo me anego

y me hundo en la ternura remordida de un padre
que siente, entre sus brazos, latir un hijo ciego.

Mi corazón, leal, se amerita en la sombra.
Placer, amor, dolor… todo le es ultraje
y estimula su cruel carrera logarítmica,
sus ávidas mareas y su eterno oleaje.

Mi corazón, leal, se amerita en la sombra.
Es la mitra y la válvula… Yo me lo arrancaría
para llevarlo en triunfo a conocer el día,
la estola de violetas en los hombros del Alba,
el cíngulo morado de los atardeceres,
los astros, y el perímetro jovial de las mujeres.

Mi corazón, leal, se amerita en la sombra.
Desde una cumbre enhiesta yo lo he de lanzar
como sangriento disco a la hoguera solar.
Así extirparé el cáncer de mi fatiga dura,
seré impasible por el este y el oeste,
asistiré con una sonrisa depravada
a las ineptitudes de la inepta cultura,
y habrá en mi corazón la llama que le preste
el incendio sinfónico de la esfera celeste.

Dejad que la alabe...

¿Existirá? ¡Quién sabe!
mi instinto la presiente;
dejad que yo la alabe
previamente.

Alerta al violín
del querubín
y susceptible al
manzano terrenal,
será, a la vez, risueña
y gemebunda,
como el agua profunda.

Su índice y su pulgar,
con una esbelta cruz,
esbelto persignar.

Diagonal de su busto,
cadena alternativa
de mirtos y de nardos,
mientras viva.

Si en el nardo canónico
o en el mirto me ofusco,
Ella adivinará
la flor que busco;
y, convicta e invicta,
esforzará su celo
en serme, llanamente,
barro para mi barro
y azul para mi cielo.

Próvida cual ciruela,
del profano compás
siempre ha de pedir más.

Retozará en el césped,
cual las fieras del Baco
de Rubens;
y luego... la paloma
que baja de las nubes.

Riéndose, solemne;
y quebrándose, indemne.

Que me sea total
y parcial,
periférica y central;
y que al soltar mi mano
la antorcha de la vida,
con la antorcha caída
prenda fuego a mis lacios
cabellos, que han sido antes
ludibrio de las uñas
de las bacantes.

Que me rece con rezos abundantes
y con lágrimas pocas;
más negra de su alma
que de sus tocas.

TUS DIENTES

Tus dientes son el pulcro y nimio litoral
por donde acompasadas navegan las sonrisas,
graduándose en los tumbos de un parco festival.

Sonríes gradualmente, como sonríe el agua
del mar, en la rizada fila de la marea,
y totalmente, como la tentativa de un
Fiat Lux para la noche del mortal que te vea.
Tus dientes son así la más cara presea.

Cuídalos con esmero, porque en ese cuidado
hay una trascendencia igual a la de un Papa
que retoca su encíclica y pule su cayado.

Cuida tus dientes, cónclave de granizos, cortejo
de espumas, sempiterna bonanza de una mina,
senado de cumplidas minucias astronómicas,
y maná con que sacia su hambre y su retina
la docena de Tribus que en tu voz se fascina.

Tus dientes lograrían, en una rebelión,
servir de proyectiles zodiacales al déspota
y hacer de los discordes gritos, un orfeón;
del motín y la ira, inofensivos juegos,
y de los sublevados, una turba de ciegos.

Bajo las sigilosas arcadas de tu encía,
como en un acueducto infinitesimal,
pudiera dignamente el más digno mortal
apacentar sus crespas ansías... hasta que truene
la trompeta del Ángel en el juicio Final.

Porque la tierra traga todo pulcro amuleto
y tus dientes de ídolo han de quedarse mondos
en la mueca erizada del hostil esqueleto,
yo los recojo aquí, por su dibujo neto
y su numen patricio, para el pasmo y la gloria
de la humanidad giratoria.

MEMORIAS DEL CIRCO

Los circos trashumantes,
de lamido perrillo enciclopédico
y desacreditados elefantes,
me enseñaron la cómica friolera
y las magnas tragedias hilarantes.

El aeronauta previo,
colgado de los dedos de los pies,
era un bravo cosmógrafo al revés
que, si subía hasta asomarse al Polo
Norte, o al Polo Sur, también tenía
cuestiones personales con Eolo.

Irrumpía el payaso
como una estridencia
ambigua, y era a un tiempo
manicomio, niñez, golpe contuso,
pesadilla y licencia.

Amábanlo los niños
porque salía de una bodega mágica
de azúcares. Su faz solo era trágica
por dos lágrimas sendas de carmín.
Su polvosa apariencia toleraba
tenerlo por muy limpio o por muy sucio,
y un cónico bonete era la gloria
inestable y procaz de su occipucio.

El payaso tocaba a la amazona
y la hallaba de almendra,
a juzgar por la mímica fehaciente
de toda su persona,
cuando llevaba el dedo temerario
hasta la lengua cínica y glotona.
Un día en que el payaso dio a probar
su rastro de amazona al ejemplar
señor Gobernador de aquel Estado,
comprendí lo que es
Poder Ejecutivo aturrullado.

¡Oh remoto payaso: en el umbral
de mi infancia derecha
y de mis virtudes recién nacidas
yo no pude tener una sospecha
de amazonas y almendras prohibidas!

Estas almendras raudas
hechas de terciopelos y de trinos
que no nos dejan ni tocar sus caudas...

Los adioses baldíos
a las augustas Evas redivivas
que niegan la migaja, pero inculcan
en nuestra sangre briosa una patética
mendicidad de almendras fugitivas...

Había una menuda cuadrumana
de enagüilla de céfiro
que, cabalgando por el redondel
con azoros de humana,
vencía los obstáculos de inquina
y los aviesos aros de papel.

Y cuando a la erudita
cavilación de Darwin
se le montaba la enagüilla obscena,
la avisada monita
se quedaba serena,
como ante un espejismo,
despreocupada lastimosamente
de su desmantelado transformismo.

La niña Bell cantaba:
«Soy la paloma errante»;
y de botellas y de cascabeles
surtía un abundante
surtidor de sonidos
acuáticos, para la sed acuática
de papás aburridos,
nodriza inverecunda
y prole gemebunda.

¡Oh, memoria del circo! Tú te vas
adelgazando en el frecuente síncope
del latón sin compás;
en la apesadumbrada
somnolencia del gas;
en el talento necio
del domador aquel que molestaba
a los leones hartos, y en el viudo
oscilar del trapecio…

TIERRA MOJADA

TIERRA mojada de las tardes líquidas
en que la lluvia cuchichea
y en que se reblandecen las señoritas, bajo
el redoble del agua en la azotea...

Tierra mojada de las tardes olfativas
en que un afán misántropo remonta las lascivas
soledades del éter, y en ellas se desposa
con la ulterior paloma de Noé;
mientras se obstina el tableteo
del rayo, por la nube cenagosa...

Tarde mojada, de hálitos labriegos,
en la cual reconozco estar hecho de barro,
porque en sus llantos veraniegos,
bajo el auspicio de la media luz,
el alma se licúa sobre los clavos
de su cruz...

Tardes en que el teléfono pregunta
por consabidas náyades arteras,

que salen del baño al amor
a volcar en el lecho las fatuas cabelleras
y a balbucir, con alevosía y con ventaja,
húmedos y anhelantes monosílabos,
según que la llovizna acosa las vidrieras…

Tardes como una alcoba submarina
con su lecho y su tina;
tardes en que envejece una doncella
ante el brasero exhausto de su casa,
esperando a un galán que le lleve una brasa;
tardes en que descienden
los ángeles, a arar surcos derechos
en edificantes barbechos;
tardes de rogativa y de cirio pascual;
tardes en que el chubasco
me induce a enardecer a cada una
de las doncellas frígidas con la brasa oportuna;
tardes en que, oxidada
la voluntad, me siento
acólito del alcanfor,
un poco pez espada
y un poco San isidro Labrador…

Como en la salve…

¡Oh bienaventuranza fértil de los que saben
ir gimiendo y llorando deprecativamente,
como en la Salve, que es un óleo y una fuente!

Yo también supe antaño de la bondad del cielo
que en mis acerbos pésames llovía,
y compuse mi Salve, con la fe de un cruzado,
bajo los muros de Antioquía.

Mas hoy es un vinagre
mi alma, y mi ecuménico dolor un holocausto
que en el desierto humea.
Mi Cristo, ante la esponja de las hieles, jadea
con la árida agonía de un corazón exhausto.

¡Señor, Tú que colocas
resina en la corteza impenitente
y agua entrañable en las adustas rocas,
hazme casto y humilde para poder llorar
la bienaventuranza de aquel llanto deshecho
que fertiliza y lava el pecho,

y verás cómo mi alma se atavía
y trueca su congoja en alborozo
para escalar los muros de Antioquía!

El retorno maléfico

Mejor será no regresar al pueblo,
al edén subvertido que se calla
en la mutilación de la metralla.

Hasta los fresnos mancos,
los dignatarios de cúpula oronda,
han de rodar las quejas de la torre
acribillada en los vientos de fronda.

Y la fusilería grabó en la cal
de todas las paredes
de la aldea espectral,
negros y aciagos mapas,
porque en ellos leyese el hijo pródigo
al volver a su umbral
en un anochecer de maleficio,

a la luz de petróleo de una mecha,
su esperanza deshecha.

Cuando la tosca llave enmohecida
tuerza la chirriante cerradura,
en la añeja clausura
del zaguán, lo dos púdicos
medallones de yeso,
entornando los párpados narcóticos,
se mirarán y se dirán: «¿Qué es eso?»

Y yo entraré con pies advenedizos
hasta el patio agorero
en que hay un brocal ensimismado,
con un cubo de cuero
goteando su gota categórica
como un estribillo plañidero.

Si el sol inexorable, alegre y tónico,
hace hervir a las fuentes catecúmenas
en que bañábase mi sueño crónico;
si se afana la hormiga;
si en los techos resuena y se fatiga

de los buches de tórtola el reclamo
que entre las telarañas zumba y zumba;
mi sed de amar será como una argolla
empotrada en la losa de una tumba.

Las golondrinas nuevas, renovando
con sus noveles picos alfareros
los nidos tempraneros;
bajo el ópalo insigne
de los atardeceres monacales,
el lloro de recientes recentales
por la ubérrima ubre prohibida
de la vaca, rumiante y faraónica,
que al párvulo intimida;
campanario de timbre novedoso;
remozados altares;
el amor amoroso
de las parejas pares;
noviazgos de muchachas
frescas y humildes, como humildes coles,
y que la mano dan por el postigo
a la luz de dramáticos faroles;
alguna señorita

que canta en algún piano
alguna vieja aria;
el gendarme que pita...
... Y una íntima tristeza reaccionaria.

A LAS VÍRGENES

Oh vírgenes rebeldes y sumisas:
convertidme en el fiel reclinatorio
de vuestros codos y vuestras sonrisas
y en la fragua sangrienta del holgorio
en que quieren quemarse vuestras prisas...

Oh botones baldíos en el huerto
de una resignación llena de abrojos:
lloráis un bien que, sin nacer, ha muerto,
y a vuestra pura lápida concierto
los fraternales llantos de mis ojos...

¡Hermanas mías, todas,
las que contentas con el limpio daño
de la virginidad, vais en las bodas

celestes, por llevar sobre las finas
y litúrgicas palmas y en el paño
de la eterna Pasión, clavos y espinas;
y vosotras también, las de la hoguera
carnal en la vendimia y el chubasco,
en el invierno y en la primavera;
las del nítido viaje de Damasco
y las que en la renuncia llana y lisa
de la tarde, salís a los balcones
a que beban la brisa
los sexos, cual sañudos escorpiones!

¡El tiempo se desboca; el torbellino
os arrastra al fatal despeñadero
de la Muerte; en las sombras adivino
vuestro desnudo encanto volandero;
y os quisieran ceñir mis manos fieles,
por detener vuestra caída obscura
con un lúbrico lazo de claveles
lazado a cada virginal cintura!

¡Vírgenes fraternales: me consumo
en el álgido afán de ser el humo

que se alza en vuestro aceite
a hora y a deshora,
y de encarnar vuestro primer deleite
cuando se filtra la modesta aurora,
por la jactancia de la bugambilia,
en las sábanas de vuestra vigilia!

El mendigo

Soy el mendigo cósmico y mi inopia es la suma
de todos los voraces ayunos pordioseros;
mi alma y mi carne trémulas imploran a la espuma
del mar y al simulacro azul de los luceros.

El cuervo legendario que nutre al cenobita
vuela por mi tebaida sin dejarme su pan,
otro cuervo transporta una flor inaudita,
otro lleva en el pico a la mujer de Adán,
y, sin verme siquiera, los tres cuervos se van.

Prosigue descubriendo mi pupila famélica
más panes y más lindas mujeres y más rosas

en el bando de cuervos que en la jornada célica
sus picos atavían con las cargas preciosas,
y encima de mi sacro apetito no baja
sino un pétalo, un rizo prófugo, una migaja.

Saboreo mi brizna heteróclita, y siente
mi sed la cristalina nostalgia de la fuente,
y la pródiga vida se derrama en el falso
festín y en el suplicio de mi hambre creciente,
como una cornucopia se vuelca en un cadalso.

HORMIGAS

A la cálida vida que transcurre canora
con garbo de mujer sin letras ni antifaces,
a la invicta belleza que salva y que enamora,
responde, en la embriaguez de la encantada hora,
un encono de hormigas en mis venas voraces.

Fustigan el desmán del perenne hormigueo
el pozo del silencio y el enjambre del ruido,
la harina rebanada como doble trofeo

en los fértiles bustos, el infierno en que creo,
el estertor final y el preludio del nido.

Mas luego mis hormigas me negarán su abrazo
y han de huir de mis pobres y trabajados dedos
cual se olvida en la arena un gélido bagazo;
y tu boca, que es cifra de eróticos denuedos,
tu boca, que es mi rúbrica, mi manjar y mi adorno,
tu boca, en que la lengua vibra asomada al mundo
como réproba llama saliéndose de un horno,
en una turbia fecha de cierzo gemebundo
en que ronde la luna porque robarte quiera,
ha de oler a sudario y a hierba machacada,
a droga y a responso, a pábilo y a cera.

Antes de que deserten mis hormigas, Amada,
déjalas caminar camino de tu boca
a que apuren los viáticos del sanguinario fruto
que desde sarracenos oasis me provoca.

Antes de que tus labios mueran, para mi luto,
dámelos en el crítico umbral del cementerio
como perfume y pan y tósigo y cauterio.

IDOLATRÍA

La vida mágica se vive entera
en la mano viril que gesticula
al evocar el seno o la cadera,
como la mano de la Trinidad
teológicamente se atribula
si el Mundo parvo, que en tres dedos toma,
se le escapa cual un globo de goma.

Idolatremos todo padecer,
gozando en la mirífica mujer.

Idolatría
de la expansiva y rútila garganta,
esponjado liceo
en que una curva eterna se suplanta
y en que se instruye el ruiseñor de Alfeo.

Idolatría
de los dos pies lunares y solares
que lunáticos fingen el creciente
en la mezquita azul de los Omares,

y cuando van de oro son un baño
para la Tierra, y son preclaramente
los dos solsticios de un único año.

Idolatría
de la grácil rodilla que soporta,
a través de los siglos de los siglos,
nuestra cabeza en la jornada corta.

Idolatría
de las arcas, que son
y fueron y serán horcas caudinas
bajo las cuales rinde el corazón
su diadema de idólatras espinas.

Idolatría
de los bustos eróticos y místicos
de los netos perfiles cabalísticos.

Idolatría
de la bizarra y música cintura,
guirnalda que en abril se transfigura,
que sirve de medida

a los más filarmónicos afanes,
y que asedian los raucos gavilanes
de nuestra juventud embravecida.

Idolatría
del peso femenino, cesta ufana
que levantamos entre los rosales
por encima de la primera cana,
en la columna de nuestros felices
brazos sacramentales.

Que siempre nuestra noche y nuestro día
clamen: ¡Idolatría! ¡Idolatría!

LA LÁGRIMA...

ENCIMA
de la azucena esquinada
que orna la cadavérica almohada;

encima
del soltero dolor empedernido
de yacer como imberbe congregante

mientras los gatos erizan el ruido
y forjan una patria espeluznante;

encima
del apetito nunca satisfecho,
de la cal
que demacró las conciencias livianas,
y del desencanto profesional
con que saltan del lecho
las cortesanas;

encima
de la ingenuidad casamentera
y del descalabro que nada espera;

encima
de la huesa y del nido,
la lágrima salobre que he bebido.

Lágrima de infinito
que eternizaste el amoroso rito;
lágrima en cuyos mares
goza mi áncora su náufrago baño
y esquilmo los vellones singulares
de un compungido rebaño;

lágrima en cuya gloria se refracta
el iris fiel de mi pasión exacta;
lágrima en que navegan sin pendones
los mástiles de las consternaciones;
lágrima con que quiso
mi gratitud, salar el Paraíso;
lágrima mía en ti me encerraría,
debajo de un deleite sepulcral,
como un vigía
en su salobre y mórbido fanal.

ÁNIMA ADORATRIZ

Mi virtud de sentir se acoge a la divisa
del barómetro lúbrico, que en su enagua violeta
los volubles matices de los climas sujeta
con una probidad instantánea y precisa.

Mi única virtud es sentirme desollado
en el templo y la calle, en la alcoba y el prado.

Orean mi bautismo, en alma y carne vivas,
las ráfagas eternas entre las fugitivas.

Todo me pide sangre: la mujer y la estrella,
la congoja del trueno, la vejez con su báculo,
el grifo que vomita su hidráulica querella,
y la lámpara, parpadeo del tabernáculo.

Todo lo que a mis ojos es limpio y es agudo
bebe de mis droláticas arterias el saludo.

Mi ángel guardián y mi demonio estrafalario,
desgranando granadas fieles, siguen mi pista
en las vicisitudes de la bermeja lista
que marca, en tierra firme y en mar, mi itinerario.

Como aquel que fue herido en la noche agorera
y denunció su paso goteando la acera,
yo puedo desandar mi camino rubí,
hasta el minuto y hasta la casa en que nací
místicamente armado contra la laica era.

Dejo, sin testamento, su gota a cada clavo
teñido con la savia de mi ritual madera;
no recojo mi sangre, ni siquiera la lavo.

Espiritual al prójimo, mi corazón se inmola
para hacer un empréstito sin usuras aciagas
a la clorosis virgen y azul de los Gonzagas
y a la cárdena quiebra del Marqués de Priola.

¿En qué comulgatorio secreto hay que llorar?
¿Qué brújula se imanta de mi sino? ¿Qué par
de trenzas destronadas se me ofrecen por hijas?
¿Qué lecho esquimal pide tibieza en su tramonto?
Ánima adoratriz: a la hora que elijas
para ensalzar tus fieles granadas, estoy pronto.

Mas será con el cálculo de una amena medida:
que se acaben a un tiempo el arrobo y la vida
y que del vino fausto no quedando en la mesa
ni la hez de una hez, se derrumbe en la huesa
el burlesco legado de una estéril pavesa.

LA ÚLTIMA ODALISCA

Mi carne pesa, y se intimida
porque su peso fabuloso
es la cadena estremecida

de los cuerpos universales
que se han unido con mi vida.

Ámbar, canela, harina y nube
que en mi carne al tejer sus mimos,
se eslabonan con el efluvio
que ata los náufragos racimos
sobre las crestas del Diluvio.

Mi alma pesa, y se acongoja
porque su peso es el arcano
sinsabor de haber conocido
la Cruz y la floresta roja
y el cuchillo del cirujano.

Y aunque todo mi ser gravita
cual un orbe vaciado en plomo
que en la sombra paró su rueda,
estoy colgado en la infinita
agilidad del éter, como
de un hilo escuálido de seda.

Gozo... Padezco... Y mi balanza
vuela rauda con el beleño

de las esencias del rosal:
soy un harem y un hospital
colgados juntos de un ensueño.

Voluptuosa Melancolía:
en tu talle mórbido enrosca
el Placer su caligrafía
y la Muerte su garabato,
y en un clima de ala de mosca
la Lujuria toca a rebato.

Mas luego las samaritanas,
que para mí estuvieron prestas
y por mí dejaron sus fiestas,
se irán de largo al ver mis canas,
y en su alborozo, rumbo a Sion,
buscarán el torrente endrino
de los cabellos de Absalón.

¡Lumbre divina, en cuyas lenguas
cada mañana me despierto:
un día, al entreabrir los ojos,
antes que muera estaré muerto!

Cuando la última odalisca,
ya descastado mi vergel,
se fugue en pos de nueva miel,
¿qué salmodia del pecho mío
será digna de suspirar
a través del harem vacío?

Si las victorias opulentas
se han de volver impedimentas,
si la eficaz y viva rosa
queda superflua y estorbosa,
¡oh, Tierra ingrata, poseída
a toda hora de la vida:
en esa fecha de ese mal,
hazme humilde como un pelele
a cuya mecánica duele
ser solamente un hospital!

EL CANDIL

EN la cúspide radiante
que el metal de mi persona
dilucida y perfecciona,

y en que una mano celeste
y otra de tierra me fincan
sobre la sien la corona;
en la orgía matinal
en que me ahogo en azul
y soy como un esmeril
y central y esencial como el rosal;
en la gloria en que melifluo
soy activamente casto
porque lo vivo y lo inánime
se me ofrece gozoso como pasto;
en esta mística gula
en que mi nombre de pila
es una candente cábala
que todo lo engrandece y lo aniquila;
he descubierto mi símbolo
en el candil en forma de bajel
que cuelga de las cúpulas criollas
su cristal sabio y su plegaria fiel.

¡Oh candil, oh bajel, frente al altar
cumplimos, en dúo recóndito,
un solo mandamiento: venerar!

Embarcación que iluminas
a las piscinas divinas:
en tu irisada presencia
mi humanidad se esponja y se anaranja,
porque en la muda eminencia
están anclados contigo
el vuelo de mis gaviotas
y el humo sollozante de mis flotas.

¡Oh candil, oh bajel: Dios ve tu pulso
y sabe que te anonadas
en las cúpulas sagradas
no por decrépito ni por insulso!

Tu alta oración animas
con el genio de los climas.

Tú conoces el espanto
de las islas de leprosos,
el domicilio polar
de los donjuanescos osos,
la magnética bahía
de los deliquios venéreos,

las garzas ecuatoriales
cual escrúpulos aéreos,
y por ello ante el Señor
paralizas tu experiencia
como el olor que da tu mejor flor.

Paralelo a tu quimera,
cristalizo sin sofismas
las brasas de mi ígnea primavera,
enarbolo mi júbilo y mi mal
y suspendo mis llagas como prismas.

Candil, que vas como yo
enfermo de lo absoluto,
y enfilas la experta proa
a un dorado archipiélago sin luto;
candil, hermético esquife:
mis sueños recalcitrantes
enmudecen cual un cero
en tu cristal marinero,
inmóviles, excelsos y adorantes.

Todo...

Sonámbula y picante,
mi voz es la gemela
de la canela.

Canela ultramontana
e islamita;
por ella mi experiencia
sigue de señorita.

Criado con ella,
mi alma tomó la forma
de su botella.

Si digo carne o espíritu,
paréceme que el diablo
se ríe del vocablo;
mas nunca vaciló
mi fe si dije «yo».

Yo, varón integral,
nutrido en el panal

de Mahoma
y en el que cuida Roma
en la Mesa Central.

Uno es mi fruto:
vivir en el cogollo
de cada minuto.

Que el milagro se haga,
dejándome aureola
o trayéndome llaga.

No porto insignias
de masón
ni de Caballero
de Colón.

A pesar del moralista
que la asedia
y sobre la comedia
que la traiciona,
es santa mi persona,
santa en el fuego lento

con que dora el altar
y en el remordimiento
del día que se me fue
sin oficiar.

En mis andanzas callejeras
del jeroglífico nocturno,
cuando cada muchacha
entorna sus maderas,
me deja atribulado
su enigma de no ser
ni carne ni pescado.

Aunque toca al poeta
roerse los codos,
vivo la formidable
vida de todas y de todos;
en mí late un pontífice
que todo lo posee
y todo lo bendice;
la dolorosa Naturaleza
sus tres reinos ampara
debajo de mi tiara;

y mi papal instinto
se conmueve
con la ignorancia de la nieve
y la sabiduría del jacinto.

Te honro en el espanto...

Ya que tu voz, como un muelle vapor, me baña,
y mis ojos, tributos a la eterna guadaña,
por ti osan mirar de frente el ataúd;
ya que tu abrigo rojo me otorga una delicia
que es mitad friolenta, mitad cardenalicia,
antes que en la veleta llore el póstumo alud;
ya que por ti ha lanzado a la Muerte su reto
la cerviz animosa del ardido esqueleto
predestinado al hierro del fúnebre dogal;
te honro en el espanto de una perdida alcoba
de nigromante, en que tu yerta faz se arroba
sobre una tibia, como sobre una cabezal;
y porque eres, Amada, la harmoniosa elegida
de mi sangre, sintiendo que la convulsa vida
es un puente de abismo en que vamos tú y yo,

mis besos te recorren en devotas hileras,
encima de un sacrílego manto de calaveras,
como sobre una erótica ficha de dominó.

HUMILDEMENTE...

CUANDO me sobrevenga
el cansancio del fin,
me iré, como la grulla
del refrán, a mi pueblo,
a arrodillarme entre
las rosas de la Plaza,
los aros de los niños
y los flecos de seda de los tápalos.

A arrodillarme en medio
de una banqueta herbosa,
cuando sacramentando
al reloj de la torre,
de redondel de luto
y manecillas de oro,
al hombre y a la bestia,

al azahar que embriaga
y a los rayos del sol,
aparece en su estufa el Divinísimo.

Abrazado a la luz
de la tarde que borda,
como al hilo de una
apostólica araña,
he de decir mi prez
humillada y humilde,
más que las herraduras
de las mansas acémilas
que conducen al Santo Sacramento.

«Te conozco, Señor,
aunque viajas de incógnito,
y a tu paso de aromas
me quedo sordomudo,
paralítico y ciego,
por gozar tu balsámica presencia.

»Tu carroza sonora
apaga repentina

el breve movimiento,
cual si fuesen las calles
una juguetería
que se quedó sin cuerda.

»Mi prima, con la aguja
en alto, tras sus vidrios,
está inmóvil con un gesto de estatua.

»El cartero aldeano
que trae nuevas del mundo,
se ha hincado en su valija.

»El húmedo corpiño
de Genoveva, puesto
a secar, ya no baila
arriba del tejado.

»La gallina y sus pollos
pintados de granizo
interrumpen su fábula.

»La frente de don Blas
petrificose junto
a la hinchada baldosa
que agrietan las raíces de los fresnos.

»Las naranjas cesaron
de crecer, y yo apenas
si palpito a tus ojos
para poder vivir este minuto.

»Señor, mi temerario
corazón que buscaba
arrogantes quimeras,
se anonada y te grita.
que yo soy tu juguete agradecido.

»Porque me acompasaste
en el pecho un imán
de figura de trébol
y apasionada tinta de amapola.

»Pero ese mismo imán
es humilde y oculto,

como el peine imantado
con que las señoritas
levantan alfileres
y electrizan su pelo en la penumbra.

»Señor, este juguete
de corazón de imán
te ama y te confiesa
con el íntimo ardor
de la raíz que empuja
y agrieta las baldosas seculares.

»Todo está de rodillas
y en el polvo las frentes;
mi vida es la amapola
pasional, y su tallo
doblégase efusivo
para morir debajo de tus ruedas».

DE *EL SON DEL CORAZÓN*

EL SON DEL CORAZÓN

Una música íntima no cesa,
      porque transida en un abrazo de oro
la Caridad con el Amor se besa.

¿Oyes el diapasón del corazón?
Oye en su nota múltiple el estrépito
de los que fueron y de los que son.

Mis hermanos de todas las centurias
reconocen en mí su pausa igual,
sus mismas quejas y sus propias furias.

Soy la fronda parlante en que se mece
el pecho germinal del bardo druida
con la selva por diosa y por querida.

Soy la alberca lumínica en que nada,
como perla debajo de una lente,
debajo de las linfas, Scherezada.

Y soy el suspirante cristianismo
al hojear las bienaventuranzas
de la virgen que fue mi catecismo.

Y la nueva delicia, que acomoda
sus hipnotismos de color de tango
al figurín y al precio de la moda.

La redondez de la Creación atrueno
cortejando a las hembras y a las cosas
con el clamor pagano y nazareno.

¡Oh Psiquis, oh mi alma: suena a son
moderno, a son de selva, a son de orgía
y a son mariano, el son del corazón!

El ancla

Antes de echar el ancla en el tesoro
del amor postrimero, yo quisiera
correr el mundo en fiebre de carrera,
con juventud, y una pepita de oro
en los rincones de mi faltriquera.

Abrazar a una culebra del Nilo
que de Cleopatra se envuelve en la clámide,
y oír el soliloquio intranquilo
de la Virgen María en la Pirámide.

Para desembarcar en mi país,
hacerme niño, y trazar con mi gis,
en la pizarra del colegio anciano,
un rostro de perfil guadalupano.

Besar al Indostán y a la Oceanía,
a las fieras rayadas y rodadas,
y echar el ancla a una paisana mía
de oreja breve y grandes arracadas.

Y decir al Amor: «De mis pecados,
los más negros están enamorados;
un miserere se alza en mis cartujas
y va hacia ti con pasos de bebé,
como el cándido islote de burbujas
navega por la taza de café.
Porque mis cinco sentidos vehementes
penetraron los cinco Continentes,
bien puedo, Amor final, poner la mano
sobre tu corazón guadalupano» …

TREINTA Y TRES

La edad del Cristo azul se me acongoja
porque Mahoma me sigue tiñendo
verde el espíritu y la carne roja,
y los talla, al beduino y a la hurí,
como una esmeralda en un rubí.

Yo querría gustar del caldo de habas,
mas en la infinidad de mi deseo
se suspenden las sílfides que veo,
como en la conservera las guayabas.

La piedra pómez fuera mi amuleto,
pero mi humilde sino se contrista
porque mi boca se instala en secreto
en la feminidad del esqueleto
con un escrúpulo de diamantista.

Afluye la parábola y flamea
y gasto mis talentos en la lucha
de la Arabia Feliz con Galilea.

Me asfixia, en una dualidad funesta,
Ligia, la mártir de pestaña enhiesta,
y de Zoraida la grupa bisiesta.

Plenitud de cerebro y corazón;
oro en los dedos y en las sienes rosas;
y el Profeta de cabras se perfila
más fuerte que los dioses y las diosas.

¡Oh, plenitud cordial y reflexiva:
regateas con Cristo las mercedes
de fruto y flor, y ni siquiera puedes
tu cadáver colgar de la impoluta
atmósfera imantada de una gruta!

Gavota

Señor Dios mío: no vayas
a querer desfigurar
mi pobre cuerpo, pasajero
más que la espuma de la mar.

Ni me des enfermedad larga
en mi carne, que fue la carga
de la nave de los hechizos,
del dolor el aposento
y la genuflexión verídica
de tu trágico pavimento.

No me hieras ningún costado;
no me castigues a mi cuerpo
por haber vivido endiosado
ante la Naturaleza
y frente a los vertebrales
espejos de la belleza.

Yo reconozco mi osadía
de haber vivido profesando
la moral de la simetría.

Amé los talles zalameros
y el virginal sacrificio;
amé los ojos pendencieros
y las frentes en armisticio.

No tengo miedo de morir,
porque probé de todo un poco;
y el frenesí del pensamiento
todavía no me vuelve loco.

Mas con el pie en el estribo
imploro rápida agonía
en mi final hostería.

Para que me encomiende a Dios,
en la hostería, una muchacha,
con su peinado de bandós;
y que de ir por los caminos
tenga la carne de luz
de los perones cristalinos.

Y que en sus manos, inundadas
de luz, mi vida quede rota
en un tiempo de gavota.

En mi pecho feliz

No he buscado poder ni metal,
mas viví en una marcha nupcial.
Me parece que por amar tanto
voy bebiendo una copa de espanto.

Claroscuro de noche y de día;
corazón y cabeza y hombría,
los tres nudos que tiene mi ser
a la buena y la mala mujer.

En mi pecho feliz no hubo cosa
de cristal, terracota o madera,
que, abrazada por mí, no tuviera
movimientos humanos de esposa.

¡Desdichado el que en la hora lunar
en su lecho no huele azahar!

Desposémonos con la sencilla
avestruz, con la liebre y la ardilla.

La Ascensión y la Asunción

Vive conmigo no sé qué mujer
invisible y perfecta, que me encumbra
en cada anochecer y amanecer.

Sobre caricaturas y parodias,
enlazado mi cuerpo con el suyo,
suben al cielo como dos custodias…

Dogma recíproco del corazón:
¡ser, por virtud ajena y virtud propia,
a un tiempo la Ascensión y la Asunción!

Su corazón de niebla y teología,
abrochado a mi rojo corazón,
traslada, en una música estelar,
el Sacramento de la Eucaristía.

Vuela de incógnito el fantasma de yeso,
y cuando salimos del fin de la atmósfera,
me da medio perfil para su diálogo
y un cuarto de perfil para su beso…

Dios, que me ve que sin mujer no atino
en lo pequeño ni en lo grande, diome
de ángel guardián un ángel femenino.

¡Gracias, Señor, por el inmenso don
que transfigura en vuelo la caída,
juntando, en la miseria de la vida,
a un tiempo la Ascensión y la Asunción!

SI SOLTERA AGONIZAS...

AMIGA que te vas:
quizá no te vea más.

Ante la luz de tu alma y de tu tez
fui tan maravillosamente casto
cual si me embalsamara la vejez.

Y no tuve otro arte
que el de quererte para aconsejarte.

Si soltera agonizas,
irán a visitarte mis cenizas.

Porque ha de llegar un ventarrón
color de tinta, abriendo tu balcón.
Déjalo que trastorne tus papeles,
tus novenas, tus ropas, y que apague
la santidad de tus lámparas fieles…

No vayas, encogido el corazón,
a cerrar tus vidrieras
a la tinta que riega el ventarrón.

Es que voy en la racha
a filtrarme en tu paz, buena muchacha.

¡QUE ADORABLE MANÍA…!

¡QUE adorable manía de decir
en mi pobreza y en mi desamparo:
soy más rico, muy más que un gran visir:
el corazón que amé se ha vuelto faro!

Cuando se cansa de probar amor
mi carne, en torno de la carne viva,

y cuando me aniquilo de estupor
al ver el surco que dejó en la arena
mi sexo en su perenne rogativa:
de pronto convertirse al mundo veo
en un enamorado mausoleo...

Y mi alma en pena bebe un negro vino,
y un sonoro esqueleto peregrino
anda cual un laúd por el camino...

Por darme el santo y seña
se ata debajo de la calavera
las bridas del sombrero de pastora.

En su cráneo vacío y aromático,
trae la esencia de un eterno viático.
¡Y, al fin, del fondo de su pecho claro,
claro de Purgatorio y de Sion,
en el sitio en que hubo el corazón
me da a beber el resplandor de un faro!

La saltapared

VOLANDO del vértice
del mal y del bien,
es independiente
la saltapared.

Y su principado,
la ermita que fue
granero después.

Sobre los tableros
de la ruina fiel,
la saltapared
juega su ajedrez,
sin tumbar la reina,
sin tumbar al rey…

Ave matemática,
nivelada es
como una ruleta
que baja y que sube
feliz, a cordel.

Su voz vergonzante
llora la doblez
con que el mercader
se llevó al canario
y al gorrión también
a la plaza pública,
a sacar la suerte
del señor burgués.

Del tejado bebe
agua olvidadiza
de los aguaceros,
porque trasparente
su cuerpo albañil
gratuito nivel.

Y al ángel que quiere
reconstruir la ermita
del eterno Rey,
sirve de plomada
la saltapared.

El sueño de los guantes negros[*]

Soñé que la ciudad estaba dentro
del más bien muerto de los mares muertos.
Era una madrugada del invierno
y lloviznaban gotas de silencio.

No más señal viviente, que los ecos
de una llamada a misa, en el misterio
de una capilla oceánica, a lo lejos.

De súbito me sales al encuentro,
resucitada y con tus guantes negros.

Para volar a ti, le dio su vuelo
el Espíritu Santo a mi esqueleto.

Al sujetarme con tus guantes negros
me atrajiste al océano de tu seno,
y nuestras cuatro manos se reunieron
en medio de tu pecho y de mi pecho,

---

como si fueran los cuatro cimientos
de la fábrica de los universos.

¿Conservabas tu carne en cada hueso?
El enigma de amor se veló entero
en la prudencia de tus guantes negros...

¡Oh, prisionera del valle de Méjico!
Mi carne... de tu ser perfecto
quedarán ya tus huesos en mis huesos;
y el traje, el traje aquel, con que tu cuerpo
fue sepultado en el valle de Méjico;
y el figurín aquel, de pardo género
que compraste en un viaje de recreo...

Pero en la madrugada de mi sueño,
nuestras manos, en un circuito eterno
la vida apocalíptica vivieron.

Un fuerte... como en un sueño,
libre como cometa, y en su vuelo
la ceniza y... del cementerio
gusté cual rosa...

El sueño de la inocencia

Soñé que comulgaba, que brumas espectrales
envolvían mi pueblo, y que Nuestra Señora
me miraba llorar y anegar su Santuario.

Tanto lloré, que al fin mi llanto rodó afuera
e hizo crecer las calles como en un temporal;
y los niños echaban sus barcos papeleros,
y mis paisanas, con la falda hasta el huesito,
según se dice en la moda de la provincia,
cruzaban por mi llanto con vuelos insensibles,
y yo era ante la Virgen, cabizbaja y benévola,
el lago de las lágrimas y el río del respeto...

Casi no he despertado de aquella maravilla
que enlazara mis Últimos óleos con mi Bautismo;
un día quise ser feliz por el candor,
otro día, buscando mariposas de sangre,
mas revestido ya con la capa de polvo
de la santa experiencia, sé que mi corazón,
hinchado de celestes y rojas utopías,
guarda aún su inocencia, su venero de luz:
¡el lago de las lágrimas y el río del respeto!

LA SUAVE PATRIA

Yo que solo canté de la exquisita
partitura del íntimo decoro,
alzo hoy la voz a la mitad del foro,
a la manera del tenor que imita
la gutural modulación del bajo,
para cortar a la epopeya un gajo.

Navegaré por las ondas civiles
con remos que no pesan, porque van
como los brazos del correo chuan
que remaba la Mancha con fusiles.

Diré con una épica sordina:
la Patria es impecable y diamantina.

Suave Patria: permite que te envuelva
en la más honda música de selva

con que me modelaste todo entero
al golpe cadencioso de las hachas,
entre risas y gritos de muchachas,
y pájaros de oficio carpintero.

PRIMER ACTO

PATRIA: tu superficie es el maíz,
tus minas el palacio del Rey de Oros,
y tu cielo, las garzas en desliz
y el relámpago verde de los loros.

El Niño Dios te escrituró un establo
y los veneros de petróleo el diablo.

Sobre tu Capital, cada hora vuela
ojerosa y pintada, en carretela;
y en tu provincia, del reloj en vela
que rondan los palomos colipavos,
las campanadas caen como centavos.

Patria: tu mutilado territorio
se viste de percal y de abalorio.

Suave Patria: tu casa todavía
es tan grande, que el tren va por la vía
como aguinaldo de juguetería.

Y en el barullo de las estaciones,
con tu mirada de mestiza, pones
la inmensidad sobre los corazones.

¿Quién, en la noche que asusta a la rana,
no miró, antes de saber del vicio,
del brazo de su novia, la galana
pólvora de los fuegos de artificio?

Suave Patria: en tu tórrido festín
luces policromías de delfín,
y con tu pelo rubio se desposa
el alma, equilibrista chuparrosa,
y a tus dos trenzas de tabaco sabe
ofrendar aguamiel toda mi briosa
raza de bailadores de jarabe.

Tu barro suena a plata, y en tu puño
su sonora miseria es alcancía;
y por las madrugadas del terruño,
en calles como espejos, se vacía
el santo olor de la panadería.

Cuando nacemos, nos regalas notas,
después, un paraíso de compotas,
y luego te regalas toda entera,
suave Patria, alacena y pajarera.

Al triste y al feliz dices que sí,
que en tu lengua de amor prueben de ti
la picadura del ajonjolí.

¡Y tu cielo nupcial, que cuando truena
de deleites frenéticos nos llena!
Trueno de nuestras nubes, que nos baña
de locura, enloquece a la montaña,
requiebra a la mujer, sana al lunático,
incorpora a los muertos, pide el Viático,
y al fin derrumba las madererías
de Dios, sobre las tierras labrantías.

Trueno del temporal: oigo en tus quejas
crujir los esqueletos en parejas;
oigo lo que se fue, lo que aún no toco,
y la hora actual con su vientre de coco.
Y oigo en el brinco de tu ida y venida,
oh trueno, la ruleta de mi vida!

INTERMEDIO
(*Cuauhtémoc*)

JOVEN abuelo; escúchame loarte,
único héroe a la altura del arte.

Anacrónicamente, absurdamente,
a tu nopal inclínase el rosal;
al idioma del blanco, tú lo imantas
y es surtidor de católica fuente
que de responsos llena el victorial
zócalo de ceniza de tus plantas.

No como a César el rubor patricio
te cubre el rostro en medio del suplicio;

tu cabeza desnuda se nos queda
hemisféricamente, de moneda.

Moneda espiritual en que se fragua
todo lo que sufriste: la piragua
prisionera, el azoro de tus crías,
el sollozar de tus mitologías,
la Malinche, los ídolos a nado,
y por encima, haberte desatado
del pecho curvo de la emperatriz
como del pecho de una codorniz.

SEGUNDO ACTO

SUAVE Patria: tú vales por el río
de las virtudes de tu mujerío.
Tus hijas atraviesan como hadas,
o destilando un invisible alcohol,
vestidas con las redes de tu sol,
cruzan como botellas alambradas.

Suave Patria: te amo no cual mito,
sino por tu verdad de pan bendito,
como a niña que asoma por la reja
con la blusa corrida hasta la oreja
y la falda bajada hasta el huesito.

Inaccesible al deshonor, floreces;
creeré en ti, mientras una mejicana
en su tápalo lleve los dobleces
de la tienda, a las seis de la mañana,
y al estrenar su lujo, quede lleno
el país, del aroma del estreno.

Como la sota moza, Patria mía,
en piso de metal, vives al día,
de milagro, como la lotería.

Tu imagen, el Palacio Nacional,
con tu misma grandeza y con tu igual
estatura de niño y de dedal.

Te dará, frente al hambre y al obús,
un higo San Felipe de Jesús.

Suave Patria, vendedora de chía:
quiero raptarte en la cuaresma opaca,
sobre un garañón, y con matraca,
y entre los tiros de la policía.

Tus entrañas no niegan un asilo
para el ave que el párvulo sepulta
en una caja de carretes de hilo,
y nuestra juventud, llorando, oculta
dentro de ti, el cadáver hecho poma
de aves que hablan nuestro mismo idioma.

Si me ahogo en tus julios, a mí baja
desde el vergel de tu peinado denso
frescura de rebozo y de tinaja,
y si tirito, dejas que me arrope
en tu respiración azul de incienso
y en tus carnosos labios de rompope.

Por tu balcón de palmas bendecidas
el Domingo de Ramos, yo desfilo
lleno de sombra, porque tú trepidas.

Quieren morir tu ánima y tu estilo,
cual muriéndose van las cantadoras
que en las ferias, con el bravío pecho
empitonando la camisa, han hecho
la lujuria y el ritmo de las horas.

Patria, te doy de tu dicha la clave:
sé siempre igual, fiel a tu espejo diario;
cincuenta veces es igual el AVE
taladrada en el hilo del rosario,
y es más feliz que tú, Patria suave.

Sé igual y fiel; pupilas de abandono;
sedienta voz; la trigarante faja
en tus pechugas al vapor; y un trono
a la intemperie, cual una sonaja:
la carreta alegórica de paja.

APÉNDICE

DE *EL MINUTERO*

Obra maestra

El tigre medirá un metro. Su jaula tendrá algo más de un metro cuadrado. La fiera no se da punto de reposo. Judío errante sobre sí mismo, describe el signo del infinito con tan maquinal fatalidad, que su cola, a fuerza de golpear contra los barrotes, sangra de un sólo sitio.

El soltero es el tigre que escribe ochos en el piso de la soledad. No retrocede ni avanza.

Para avanzar, necesita ser padre. Y la paternidad asusta porque sus responsabilidades son eternas.

Con un hijo, yo perdería la paz para siempre. No es que yo quiera dirimir esta cuestión con orgullos o necias pretensiones. ¿Quién enmendará la plana de la fecundidad? Al tomar el lápiz me ha hecho temblar el riesgo del sacrilegio, por más que mis conclusiones se derivan, precisamente, de lo que en mí pueda haber de clemencia, de justicia, de vocación al ideal y hasta de cobardía.

Espero que mi humildad no sea ficticia, como no lo es mi miedo al dar a la vida un sólo calificativo: el de formidable.

En acatamiento a la bondad que lucha con el mal, quisiera ponerme de rodillas para seguir trazando estos renglones temerarios. Dentro de mi temperamento, echar a rodar nuevos corazones, sólo se concibe por una fe continua y sin sombras o por un amor extremo.

Somos reyes, porque con las tijeras previas de la noble sinceridad podemos salvar de la pesadilla terrestre a los millones de hombres que cuelgan de un beso. La ley de la vida diaria parece ley de mendicidad y de asfixia; pero el albedrío de negar la vida es casi divino.

Quizá mientras me recreo con tamaña potestad, reflexiona en mí la mujer destinada a darme el hijo que valga más que yo. A las señoritas les es concedido de lo Alto repetir, sin irreverencia, las palabras de la Señora Única: «He aquí la esclava»... Y mi voluntad, en definitiva, capitula a un golpe de pestaña.

Pero mi hijo negativo lleva tiempo de existir. Existe en la gloria trascendental de que ni sus hombros ni su frente se agobien con las pesas del horror, de la santidad, de la belleza y del asco. Aunque es inferior a los vertebrados en cuanto que carece de la dignidad del sufrimiento, vive dentro del mío como el ángel absoluto, prójimo de la especie humana. Hecho de rectitud, de angustia, de intransigencia, de furor de gozar y de abnegación, el hijo que no he tenido es mi verdadera obra maestra.

Dalila

En mis memorias, Gabriela Besanzoni ocupa la línea de las hechiceras. La noche de abril en que la oí perfeccionar a Dalila, Sansón, cabizbajo como nunca, padeció ante seis mil espectadores la chapuza filistea. A mi ver, la principal desgracia del tenor que la multitud repudió severamente, consiste en alternar su voz escolástica con la de esta enloquecedora, en cuya garganta se subleva el trueno y se pacifica la brisa.

Su personalidad bravía nos arrebató. Por discernimiento o por instinto de su sexo, creó la Dalila emblemática en el apogeo de las contradicciones: benigna y brusca, fanatizada e impía, celeste y zoológica. La ciudad, que en los últimos años ha asistido a prodigios y maravillas, nunca pagará la visita de esta cantante, verdadero numen que practica el arcano de consolar a los hombres por la harmonía.

Todo es arcano; arcana también la facultad estética de desencarnar las cuestiones más encarnizadas. Así, en una bella largueza impersonal, damas y caballeros aplaudían a la contralto, a pesar de que en la escena delataba a las unas y acentuaba el sinsabor de los otros. Ellas no la sentían extranjera; ellos, elevando al cubo el misterio, se dejaban tonsurar por las tijeras de la Deseada.

Dentro del humo de tales jeroglíficos, Sansón, figura de Cristo, empujaba la muela. Una sola cosa era segura: el encanto que fluía de una pingüina consustancial al Arte. Trasquilando a su grey melómana con la autoridad del genio, la Besanzoni es algo más que la escuela, algo más que la disciplina y algo más que la batuta del director y que la concha del apunte… Es la musa.

MI PECADO

ERA el tiempo en que las amadas salían del baño con las puntas de la cabellera goteando constelaciones. Tiempo difunto en que se sentaban a la mesa con los hombros cubiertos por una toalla para defenderse de la humedad. Tiempo en que una hirviente escala solar se descolgaba por el tragaluz, incendiando las rojas mayúsculas del mantel. Hambre ingente y anhelos frugales. Pero luego, a poco andar, el hambre física se trasladará a los planteles del espíritu, cambiando la temerosa legumbre en los gajos de la insaciable voluptuosidad.

Por zurdo cálculo me acerqué a la segunda de las hijas de aquel notario. Desde la siniestra imparcialidad conque estoy mirándola, me confieso traidor, egoísta y necio. En las efemérides de mi flaqueza, es Ella, en realidad, mi único pecado.

La aproveché mientras duró la comodidad de mi conciencia. Al sentirme incómodo, la saqué del calor de mis entrañas y la solté sobre el invierno. Casi no se quejó. Lancé su corazón con la ceguera desalmada conque los niños lanzan el trompo. Hoy, castigándome la cuerda los dedos, la dignidad de su martirio me echa en cara la más hueca de mis faltas.

Me faltó personalidad. De la interferencia de nuestras vidas, salí deshonrado. A partir de entonces hay alguien que puede hablarme de arriba a abajo. En el sol y en las estrellas he indagado por una reparación, no ante Ella, que quizá me despreciaría, sino ante mí mismo. Mas la noche y el día me esconden el emblema de la expiación.

Viejo pecado, que en este instante rezarás o coserás: si eres expiable, te ofrezco mi voluntad de permanecer inferior a ti. Quiero hablarte siempre desde abajo. Mi iniquidad rayó tu horóscopo diamantino con una estría de duelo. Viejo pecado que en este instante cantarás, dentro del vaho de la tarde lluviosa: conserva en rehenes mi deshonor.

En el solar

Contra mi voluntad emprendí el temido regreso al terruño. Después de siete años volví a recorrer las leguas y leguas de alcaparras, hasta alcanzar el puente pegado a mi lugar, el puente sin arcos, el dramático puente sin concluir a cuya vista se detienen los carruajes si la henchida cólera del río los excomulga. Trunco dolor del puente, cuya inutilidad apenas sirve a las golondrinas, estas amantes comisionadas que se esforzarán en acompañarme, volando al ras de la banqueta.

Se me destina, en la casona, la sala de la derecha. Fantasmas, fantasmas, fantasmas. A las diez de la noche, logro escaparme. En un cielo turquí, el relámpago flagela edredones de nube. La ciudad jerezana me tienta con un mixto halago de fósil y de miniatura. Divago por ella en un traspiés ideal y no soy más que una bestia deshabitada que cruza por un pueblo ficticio. En el pavor de la guerra civil, los zorros llegaban a los atrios y a los jardines. Yo dejo de merodear, porque he despertado la suspicacia de un galán. Metido ya en el lecho, como en un sarcófago, el reloj del Santuario deja caer las doce. El trueno rueda y todo se vuelve nugatorio.

La diana con que me despiertan los pájaros me persuade de que han heredado el esmero poético, guardándose libres de las ideas módicas y del sonsonete zafio en que incurren los parnásides.

El viaje es electoral. En ello radica la inevitable contribución a lo chusco. Soy llamado decadentista y apático. Pago mi impuesto al sainete sublunar y me compenso con la alhaja del Escorpión, que ha estado fulgiendo en la desnudez azul como la inmarcesible animalidad del cielo.

He hecho un descubrimiento: ya no sé comer. De convite en convite, mimado por la urbanidad legendaria de aquí, he comprendido mi decadencia. Ni los genuinos manteles calados, ni el pan legitimista que se desborda por la mesa, retando al perfume de los rosales, ni siquiera la leche ártica, en vasos que no se abarcan con los dedos de Artajerjes, han podido mover mi apetito. Las señoritas escurren su sonrisa sobre el enfaldo, los niños también se festejan a mi costa. Yo comía al igual de ellas y de ellos. Ahora, en la honesta abundancia lugareña, la ponzoña de mis sentidos solicita, para responso del opíparo ayer, el magno, el ensordecedor, el loco gemido que sólo la madre de los árabes pudo prestar.

Novedad de la Patria

El descanso material del país, en treinta años de paz, coadyuvó a la idea de una Patria pomposa, multimillonaria, honorable en el presente y epopéyica en el pasado. Han sido precisos los años del sufrimiento para concebir una Patria menos externa, más modesta y probablemente más preciosa.

El instante actual del mundo, con todo y lo descarnado de la lucha, parece ser un instante subjetivo. ¿Qué mucho, pues, que falten los poetas épicos, hacia afuera?

Correlativamente, nuestro concepto de la Patria es hoy hacia dentro. Las rectificaciones de la experiencia, contrayendo a la justa medida la fama de nuestras glorias sobre españoles, yanquis y franceses, y la celebridad de nuestro republicanismo, nos han revelado una Patria, no histórica ni política, sino íntima.

La hemos descubierto a través de sensaciones y reflexiones diarias, sin tregua, como la oración continua inventada por San Silvino.

La miramos hecha para la vida de cada uno. Individual, sensual, resignada, llena de gestos, inmune a la afrenta, así la cubran de sal. Casi la confundimos con la tierra.

No es que la despojemos de su ropaje moral y costumbrista. La amamos típica, como las damas hechas polvo —si su polvo existe— que contaban el tiempo por cabañuelas.

Un gran artista o un gran pensador podrían dar la fórmula de esta nueva Patria. Lo innominado de su ser no nos ha impedido cultivarla en versos, cuadros y música. La boga de lo colonial, hasta en los edificios de los señores comerciantes, indica el regreso a la nacionalidad.

De ella habíamos salido por inconsciencia, en viajes periféricos sin otro sentido, casi, que el del dinero. A la nacionalidad volvemos por amor... y pobreza.

Hijos pródigos de una Patria que ni siquiera sabemos definir, empezamos a observarla. Castellana y morisca, rayada de azteca, una vez que raspamos de su cuerpo las pinturas de olla de silicato, ofrece —digámoslo con una de esas locuciones pícaras de la vida airada— el café con leche de su piel.

Literatura —exclamará alguno de los que no comprenden la función real de las palabras, ni sospechan el sistema arterial del vocabulario—. Pero poseemos, en verdad, una Patria de naturaleza culminante y de espíritu intermedio, tripartito, en el cual se encierran todos los sabores.

El país se renueva ante los estragos y ante millones de pobladores que no tienen otros ejercicios que los de la animalidad. ¿Por virtud de qué fibras se operará esta adivinanza?

En las pruebas de canto, los jurados charlan, indiferentes a las gargantas vulgares. Hasta que una alumna los avasalla. Es el momento arcano de la dominación femenina por la voz. Así ha sonado, desde el Centenario, la voz de la nacionalidad.

Hay muchos desatentos. Gente sin amor, fastidiada, con prisa de retirar el mantel, de poner las sillas sobre la mesa, de irse.

Tampoco escasean los amantes, fieles en cada rompe y rasga, calaveras de las siete noches de la semana, prontos a aplaudir las contradicciones mismas, diseminadas por el territorio, que se resumen en la vasta contradicción de la capital.

En este tema, al igual que en todos, sólo por la corazonada nos aproximamos al acierto. ¿Cómo interpretar, a sangre fría, nuestra urbanidad genuina, melosa, sirviendo de fondo a la violencia, y encima las germinaciones actuales, azarosas al modo de semillas de azotea? Un futuro se agita en la placidez diocesana de nuestros hábitos. A veces, creemos que va a morir el primor del mundo. Que la turbamulta famélica aniquilará los diamantes tradicionales, los balances del pensamiento, los finiquitos de la emoción.

¿Quedará prudencia a la nueva Patria? Sus puertas cocheras guardan todavía los landós en que pasearon aquellas señoras, camarlengas de las Vírgenes, y las familias que oyen hablar de Lenin se alumbran con la palmatoria del Barón de la Castaña...

La alquimia del carácter mexicano no reconoce ningún aparato capaz de precisar sus componentes de gracejo y solemnidad, heroísmo y apatía, desenfado y pulcritud, virtudes y vicios, que tiemblan inermes ante la amenaza extranjera, como en los Santos Lugares de la niñez temblábamos al paso del perro del mal.

Bebiendo la atmósfera de su propio enigma, la nueva Patria no cesa de solicitarnos con su voz ronca, pectoral. El descuido y la ira, los dos enemigos del amor, nada pueden ni intentan contra la pródiga. Únicamente quiere entusiasmo.

Admite de comensales a los sinceros, con un sólo grado de sinceridad. En los modales con que llena nuestra copa, no varía tanto que parezca descastada, ni tan poco que fatigue; siempre estamos con ella en los preliminares, a cualquiera hora oficial o astronómica. No cometamos la atrocidad de poner las sillas sobre la mesa.

Fresnos y álamos

La flota azul de fantasmas que navegan entre la vigilia y el sueño, esta mañana, en el despertar de mi cerebro, tuvo por fondo los álamos y los fresnos de mi tierra. ¡Álamos en que tiembla una plata asustadiza y fresnos en que reside un ancho vigor! ¿Tan lejos están de mí la Plaza de Armas, el jardín Brilanti y la Alameda, que me parecen oasis de un planeta en que viví ochocientos años ha?

Cuando yo versificaba y gemía infantilmente bajo aquellas frondas, todavía no sospechaba que había de escribir la confesión que más o menos reza así: «Mi vida es una sorda batalla entre el criterio pesimista y la gracia de Eva. Una batalla silenciosa y sin cuartel entre las unidades del ejército femenino y las conclusiones de esterilidad. De una parte, la tesis reseca. De otra, las cabelleras vertiginosas, dignas de que nos ahorcásemos en ellas en esos momentos en que la intensidad de la vida coincide con la intensidad de la muerte; los pechos que avanzan y retroceden, retroceden y avanzan como las olas inexorables de una playa metódica; las bocas de frágil apariencia y cruel designio; las rodillas que se estrechan en una premeditación estratégica; los pies que se cruzan y que torturan, como torturaría a un marino con urgencia de desembarcar, el cabo trigueño o rosado de un continente prohibido».

No: yo no sospechaba llegar a decir tal cosa. Mi tristeza, aunque tumultuaria, era simple como la conciencia de las vírgenes que comulgan al alba y después de comulgar rezan dos horas, y después de rezar dos horas, al volver a su casa beben agua, por un laudable escrúpulo. Mi primer soneto no miró venir el cortejo vivido de los goces materiales, ni mi primera lágrima vio dibujarse en lontananza la confortante silueta de Epicuro. ¿Qué pensarían álamos y fresnos si descubriesen en el rostro de su habitual visitante de aquella época, las huellas del placer?

Hoy mi tristeza no es tumulto, sino profundidad. No tormenta cuyos riesgos puedan eludirse, sino despojo inviolable y permanente del naufragio.

Pocas emociones habrá más voluptuosas que la altanería del alma, que se nutre de su propio acíbar y rechaza cualquier alivio exterior. Llevo dentro de mí la rancia soberbia de aquella casa de altos de mi pueblo —esquina de las calles de la Parroquia y del Espejo— que se conserva deshabitada y cerrada desde tiempo inmemorial y que guarda su arreglo interior como lo tenía en el momento de fallecer el ama. No se ha tocado ni una silla, ni un candelabro, ni la imagen de ningún santo. La cama en que expiró la antigua señora se halla deshecha aún. Yo soy como esa casa. Pero he abierto una de mis ventanas para que entre por ella el caudal hirviente del sol. Y la lumbre sensual quema mi desamparo y la sonrisa cálida del astro incendia las sábanas mortuorias y el rayo fiel calienta la intimidad de mi ruina.

¡Oh fresnos y álamos que oísteis mi imploración en versos titubeantes! Fresnos y álamos: ¡ya nada imploro! Estoy sereno como en aquellas siestas de otoño en que me llevaban de la mano a contemplar cómo ardían vuestras hojas en montículos a que prendía fuego el jardinero. Recuerdo con una exactitud prolija el humo compacto y el crujido de la hojarasca que se retorcía, confesora y mártir. Sólo que, a mi serenidad, se han agregado dos elementos que me eran ajenos cuando estudiaba el silabario: el dolor y la carne. Voy respirando, fresnos y álamos, no vuestra fragancia, sino el ambiente absurdo de una habitación de la que acaban de sacar un cadáver y exhibe los cirios aun no consumidos y la oleada del sol como un aliento femenino.

Oigo el eco de mis pasos con la resonancia de los de un trasnochador que camina por un cementerio...

HEMOS dado el *Pésame* a la Virgen en San Fernando. He sido feliz noventa minutos. Con la felicidad de la ternura niña, más experta hoy. Una ternura parlante que multiplica las alegorías del predicador y magnífica a la Jerusalem virginal, circunvalada por todos los dolores. Voces de mujer subrayan los *Misterios*, y las gorjas cantantes sugiérenme señoritas cuyos nombres concuerdan la benevolencia de la melodía con la autoridad del arcángel: Micaela o Gabriela... Invítanme y me pregunto si ha venido el instante de consagrarme a las atrofias cristianas. Quisiera decidirme en esta misma fecha y en este mismo lugar; pero temo a mi vigor, pues las líneas del mundo todavía me persuaden y aún me embargan las bienhechoras sinfonías corporales. ¿Qué hacer?... Ninguna respuesta pediré a mi dicha papista, a mi fe romana. Me basta sentirme la última oveja, en la penumbra de un Gólgota que ensalman las señoritas de voz de arcángel.

La flor punitiva

A Mario Torroella

Una vez y otra vez envenenado en el jardín de los deleites, no asomaron ni la desesperación, ni la venganza, ni siquiera un inicial disgusto. Antes bien, germinó la solemne complacencia de los señalados por la diosa. Y en las rituales resignaciones, roja como el relámpago de una bandera, sólo se afanaba la sangre, queriendo escapar en definitiva.

Pasajera de Puebla, pasajera de Turín, lo mismo da. El frenesí masculino, sin caer en estulticia o en bajeza, no puede exigir legalidad a las distribuidoras de experiencia, provisionalmente babilónicas. Estimemos, al contrario, que sazonando nuestra persona, la libren de lo insulso y le inculquen el vital sentido de que toda raíz es amarga.

Los rectores de la multitud, llámense políticos, sabios o artistas, producirían obra más ilustre si se repartiese entre ellos un prudente número de contagios.

Si pagar es lo propio del hombre, paguemos nuestras supremas dichas, abominando de esa salubridad que organiza las islas del Mar Egeo en compañía de seguros.

Un orangután en primavera divide sus chanzas entre los viejos verdes y los jóvenes en blanco. El furor de gozar gotea su plomo derretido sobre nuestra hombría; inútil y cobarde querer salvarnos de la crapulosa angustia. Al cabo, una ancianidad sin cuarentena suspirará por la mesa de operaciones.

Las santas mujeres

En el indecible desastre de la pérdida de Saturnino Herrán, infortunio cuya sola enunciación es un dislate, las mujeres flordelisaron el precipicio con hazañas caritativas. Desde la ínclita esposa, que con su lánguida queja sin tregua estuvo comprometiendo las vanas enterezas masculinas, hasta la amiga menos próxima, volcaron santidad sobre el poderoso pintor.

Él ignoró que iba a perecer y que perecía. Cuando se le paralizó un brazo, le sobrevino la angustia de no volver a dibujar, y, para sentirse, imploró a las Verónicas presentes que le mordieran la mano. Así fue ungida, en un eclipse patético, la mano que había perfeccionado las líneas terrestres y celestes.

Cautivado el infantil moribundo por la sortija de una señora, se la pidió. La señora, menor que el catedrático de Desnudo, prestó su joya con una musical actitud materna.

A una prima, tipo de bondad, rogó lacónicamente: «Abrázame, acaríciame», y su ruego era obedecido como en las catacumbas.

Una bella dama, constelada de virtudes, le preguntó: «¿Qué quieres?». Helado y pueril respondió desde su agonía: «Que te acuestes conmigo». Ella, sin un titubeo, se metió en la cama.

Agobiadas de flores, las diaconisas de la eterna clemencia nos acompañaron al sepelio. Difundían, en el agrio dolor viril, hálitos de azahar. Sus ojos, sedantes como los de Santa Lucía, parpadeaban entre los cipreses. Se agigantaron en el crepúsculo otoñal. Entonces los hombres nos confesamos, de castidad a castidad, menos tristes y más pequeños, junto a la estatura de ellas, que levantaban sus brazos, píos y ornamentales, edificando la arcada alegórica del funeral.

Doy principio a la oración fúnebre de Saturnino Herrán en el vestíbulo del otoño. En este mes de octubre, que es como el concordato de las aspiraciones humanas, por adelgazarse en su clima el cristianismo, difundiéndose la inmovilidad de las funciones de Buda y estilizándose, en los peristilos que salpican las hojas, el cortejo pagano. Presentaré a mis oyentes el retrato moral del Pintor, mientras el cordón de Nuestro Padre San Francisco azota a las ninfas en medio de las agrias meditaciones de los pájaros en pelecho. Mas al evocarse al dueño del aniversario, no debe soplar aquí el hálito de la tumba ni el de la estación entumida, sino la respiración voluptuosa de la juventud que reverbera frente a la séptima alma del frío, como se clarifica contra el viento el tizón que alumbra la cena de amor de los montañeses.

Uno de los dogmas para mí más queridos, quizá mi paradigma, es el de la Resurrección de la Carne. E imagino que cada uno de vosotros poseerá algo de la virtud mesiánica de abrir a voluntad los sepulcros, para que la Dicha se levante de su cabecera de gusanos y sacuda otra vez los cabellos fragantes y asome la faz entre las varas translúcidas de sus macetas. A tal dogma y a tal conjuro apelaré, a fin de traer a Herrán por un momento y dilucidar su herencia como el plumaje del ave del paraíso.

Demasiado inteligente para ser fatuo, cultivaba un desdén especial para aquellos que, al decir de Gracián, «la naturaleza humilla bien y la fortuna eleva mal». Pero con los hombres y las cosas que se le mostraban sin superchería, ejercitaba esa circunspección afectuosa que se deriva de considerar, en la máquina del universo, al ente más inferior y a la actividad más servil, participando de la magia pasional en que susurra el diálogo del cometa con la luciérnaga.

Casi de nadie admitía reparos a su pincel. No olvidaré la tarde en que habiéndose permitido un diplomático una observación ligera al retrato que le había encomendado, acabando de despedirse el cliente, tiró el cuadro y lo hizo girar a puntapiés. A su cuerpo débil, y a través de las tersuras virreinales en que estaba educado, llegaba la marea de la radiosa brutalidad del Renacimiento, y en sus venas porfiaba la estética de aquellos papas magníficos que, por haberlo sido, solamente pueden ser enjuiciados por la majestad de Dios y nunca por la pedestre honestidad de las sectas; de aquellos papas que al apagarse de súbito los candelabros del banquete, daban a sus hijos la señal del crimen con el imperativo sacrílego: *oficia*. Algo habría también de herencias inmediatas, la de su abuelo materno, digamos, que doblaba entre los dedos una moneda de a peso y que arrojaba a la azotea, con el impulso de un solo brazo, la piel curtida de una res.

* * *

Su sensualidad –huelga declararlo– fundamenta su obra. ¿Acaso los propios tipos dorados de Fra Angélico, no significan la sublimidad de los cinco sentidos? El alma es despótica y nos otorga su dádiva cuando le place; los sentidos, humildes y vivaces como las ardillas, nos sostienen con una perseverancia sinónima de la vida. Toca al artista aprovechar la fidelidad de estos sagrados animales en la esquivez del tiempo. En la melodía de la existencia, nuestras horas se nos mueren como tiples; mas a la postre, «el tesoro divino, que ya se va para no volver», ha recogido las esencias del mundo, asegurándonos una espiritual y espirituosa vejez de perfumistas. Ya no habrá virilidad; poco importa, pues resta el vino de Mosela que embotellamos en la hermosa edad parabólica.

La persuasión de lo indivisible de nuestra persona afianzó a Herrán en el culto de la línea moral y física, interpretando a sus niños, a sus viejos y a sus mujeres con tan elegante energía, que debe considerársele como un poeta de la figura humana.

Llego al instante de subrayar su honorabilidad antropomórfica, con lo cual enuncio su entereza y su proporción de vástago de Adán, libre de los despeñaderos cerebrales que algunos han pretendido cavar en las grutas de la belleza. Carecía en absoluto de ideas lógicas, profesando, en cambio, las de evidencia vital, las ideas fibrosas, patrullas de Psiquis. Del ajedrez de las pesadillas cognoscitivas, espumó la congoja que ensombrece a sus varones desnudos, y la coquetería de sus mulatas. No dudó entre los desvaríos mentales y los brazos palpables de la Vida. Artísticamente, la lucha de los credos se funde en el rostro de la conciencia cabal, en la que la frente es de Buda, los ojos de Cristo y la boca de Mahoma. El pintor, en esta concepción y sensación integral, era una voz de su siglo, de la gambusina centuria que, por haber hallado la raíz de lo que titula Chesterton la filosofía del cuento de hadas, es estigmatizada, con una sonrisa de baratillo, por los bachilleres de la clasificación, por las estrictas plebes graduadas. Los sabios profesionales miran en la exégesis unitaria del cosmos, el lenocinio de las opiniones, porque la llama simboliza la interpretación y ellos el índice antártico de los almanaques.

Si sólo la pasión es fecunda, procede publicar el nombre de la amante de Herrán. Él amó a su país; pero usando de la más real de las alegorías, puedo asentar que la amante de Herrán fue la ciudad de México, millonésima en el dolor y en el placer. Ella le dio paisaje y figura; él la acarició piedra por piedra, habitante por habitante, nube por nube. La ciudad causará el tedio de los espíritus enfermizos, mas al reflexionar que atesora desde el tráfico visible hasta los espejos morganáticos en que la diosa sempiterna copia su dibujo piramidal, se concluye su estupenda categoría. Durante la noche, cuando se desenvuelve la fábula tripartita de alumbramientos, enlaces y defunciones, y el silencio se materializa para que lo gocemos por el olfato, se atraviesa la ciudad con el fervor con que Santa Genoveva velaba el sueño de París. En la solemne y copiosa obra de Herrán, apologética de la ciudad, blanquean la col y la flor de la metrópoli.

Pecaría yo si prescindiera de recordar al humorista. Volcábase el relampagueo de su talento en ironías acerbas, desquite de su ineptitud para la batalla mesocrática. Al hablar de sus modelos de los dos sexos, que se jactaban ante él de la perfección de sus formas, reía con risa batiente, retorciéndose en el asiento, a la manera del que padece un cólico. Un día me detuvo frente a un escaparate, y a gritos, según su costumbre, me indicó el retrato de un actor de cine, con estas apostillas textuales: «Mire Vd. esa cara. ¿Por qué con ella se meten de actores? Es como si yo me pusiera a hacer gestos con la espalda». De un sujeto que blasonaba de la austeridad del matrimonio y de los ojos seráficos con que veía a la esposa, decía que sólo faltaba que el caballero, al ir a acostarse, se arrodillara ante su suegro pidiéndole la bendición. En una fiesta teatral, después de examinar sin descanso a una señora en extremo flaca, escotada hasta la cintura, declaró que jamás hubiera creído que los rayos X pudieran escotarse. Privilegiado en sus dotes analíticas, cogía al vuelo la deformidad íntima y externa de las gentes. A sus habituales, nos escarnecía a mansalva, con el regocijo del niño que conoce de antemano la impunidad. En cuanto a sus propias fallas, las ocultaba con escrúpulo, pues el terror a lo chusco le sirvió de guía infalible, ya para sostener la seriedad peregrina de su obra, ya para defenderse del roce con los personajes de mal gusto, aun a costa de su bienestar. No le era grato el tema de sus inclinaciones supersticiosas. Como los toreros, juzgaba que hay trajes de mala sombra; no traspasaba el umbral de la Escuela de Bellas Artes sin cierto arreglo cabalístico de los pies, y cuando leía, metido en su lecho, los dramas de Maeterlinck, a los quince minutos de lectura, estaba ya trasudando de miedo. Los duendes y los trasgos se confabulaban para tomar venganza en él de los registros positivos de su paleta.

Falto de vanidad y sobrado de orgullo, en sus dos talleres sombríos de sus dos casas de Mesones, pintó, cual si decorase las paredes de un pozo, la equivalencia de medio siglo de tarea. Su segunda casa de dicha calle no presenció más que el epílogo de la vasta empresa.

Izando su bandera puertas adentro, si con ello daba un ejemplo singular de continencia, incapacitábase para imitar a los pianistas que gobiernan a Polonia y a los literatos acuartelados en Fiume. Más aún: apenas desarrolló el sacrificio indispensable para ganarse el pan de cada día. La vergüenza con que ejerció, su religiosa vergüenza, esplende sobre los fulleros que tratan al Arte como quincalla. Él lo practicó honrando la sangre y el fósforo de que está amasado, la angustia que lo anima, las manos de la Humildad que lo modela y la gracia punzante que lo corona, cual la cruz nacida sobre la cabeza de las palomas en las lápidas venecianas. Sumiso y altivo, alentaba en él la duplicidad adriática que puso a un embajador de la República el sobrenombre de *Perro*, porque enviado a conseguir el perdón del Papa, y habiéndose negado éste a recibirlo, se escabulló hasta su refectorio, y allí, echado a los pies pontificales, imploró, con agravio de la política de los tritones excomulgados, quienes discurrieron que había rogado con exceso.

Yo admiro con tal rendimiento la pureza social de Herrán, que lo reputo un patrono de los postulantes de la belleza.

De la fraseología de Saturnino, para no desmenuzarme en lo anecdótico, reproduciré sólo las palabras con que mencionaba a su hijo. Invariablemente llamábalo «el muchacho». Frase de concisa dureza en que se disimulaba una ternura, y que cito al entrar a encarecer la insólita capacidad plástica de aquella conciencia. Por ese don de lo concreto, Herrán se incorpora al cenáculo ideal de los hombres que parecen destinados a suplir la inopia expresiva de las almas, el ripio abundancial de los informes que, incapaces de ejecutar su propia silueta, encomiendan sus nebulosas al astro vecino. Suprimid el Arte y os ensordecerán las ramplonerías de la Torre de Babel.

La herencia con que nos enriqueció se ostenta sellada por esa universalidad accesible únicamente a los reactivos mitológicos que acallan la pacotilla de las cosas y les extraen la entonación pitagórica. Encima de las modas, la euforia de su mito le permitió convertir el universo en el balneario interminable en que todo se desviste para jugar el juego eterno de la desnudez de los arquetipos. En los creadores, el mito se desdobla, personificándose dentro de las vísceras, en la intangible doncella filarmónica, y por las playas exteriores en la marcial deidad que con sus flancos de borrasca, sus pupilas de belladona y sus perfumes cloroformicos, desfila entre las bayonetas del Deseo.

Murió significativamente en este mes de octubre que, gracias al tornasol de su clima, finge el concordato de las posturas espirituales.

La hora vacía, la entretenida con los fosfenos, la hora que se malgastó sin exprimir los delirios sustantivos de la existencia, remuerde como la contribución a un Minotauro, y al acusarnos de ella, nos asfixia y nos degrada sentir de tierra los soles, de tierra la luz y de tierra el pensamiento. Matemática golosa, la Muerte se bebe el signo más de la libertad y el signo menos de la inocencia esclava. Sin ánimo de contradecir la hermenéutica de los novísimos o postrimerías del hombre, esta oración, mal llamada fúnebre, en obsequio de las leyes, os invita a recordar que tener frío es dejar de interpretar, y os exhorta a contemplar la muerte sin la avaricia del temor, enarbolando en la presente ceremonia nuestros apetitos mundanos y nuestros anhelos elíseos, con la actitud de las madres que levantan a sus retoños al paso del monarca.

De cuanto he perdido, si en verdad se pierde aquello cuya esencia guardamos por la voluntad, el pintor que hoy celebramos es de los seres con quienes desearía volver a convivir veinticuatro horas, *un día y nada más*, según la letra nostálgica de una canción que mi abuelo materno cantó quince años, desde la fecha de su viudez hasta la de su tránsito.

Hubiera querido hablaros envuelto en una túnica bicolor, azafrán y verde, emblemática de frenesí y de gravedad. De la gravedad y del frenesí correspondientes a los treinta y tres años en que frisaría el artista si no se pudriese bajo la tierra. Pero frente al desaseo de la Muerte, la Vida se baña sin tregua en el balneario platónico aludido antes, donde cualquiera estrella es arrecife. La Vida entrégase desmayada, de cara al cénit, tremolando sus cabellos encima de las aguas eternas. Sería infame, por laxitud de nuestros brazos, arrastrar en la arena su pelo. Con ella no nos podemos llamar a engaño: no nos ha dicho que sea buena, no nos ha dicho que sea mala; entre filtro y filtro, de una atrocidad a una misericordia, nos ha enseñado que es hechicera. Llevémosla, como la llevó Herrán, sobre la embriaguez de los brazos horizontales, de modo que la energía que nos gaste su torso, nos la restituya la punta de su cabellera, al azotarnos las rodillas. En el prodigio de esta mutua circulación, la próxima invernada, la invernada que coagula a las vírgenes y convierte en granizo las lágrimas de los niños, descubrirá que no son nuestros miembros los que se llenan de su frío, sino ella la que se quema de nosotros.

HOMBRE perfecto, el bailarín. Yo envidio sus laureles anónimos y agradezco el bienestar que transmite con la embriaguez cantante de su persona. El bailarín comienza en sí mismo y concluye en sí mismo, con la autonomía de una moneda o de un dado. Su alma es paralela de su cuerpo, y cuando el bailarín se flexiona, eludiendo los sórdidos picos del mal gusto, convence de que entrará al Empíreo en caudalosas posturas coreográficas.

La sordidez, resumen de nuestras desdichas, no le alcanza. Él es pulcro y abundante. Al embestir a su pareja, se encabrita y se acicala. Sus pies van trenzando la parsimonia y el rijo. El pecho de la paloma, jactándose de ser estéril, rebota como la rosa de los vientos. El bailarín está endiosado en su propia infecundidad.

Y a pesar de ello, la modestia de su arrebato excede a la de las llamas infinitesimales que devoran, en brincos de gnomo, una esquela vergonzante.

No hay desinterés igual al suyo. Danza sobre lo utilitario con un despego del principio y del fin. Los desvaríos de la conciencia y de la voluntad humanas, le sirven de tramoya. En medio de las pesadillas de sus prójimos, el bailarín impulsa su corazón, como el columpio en que se asientan la Gracia y la Fuerza.

El bailarín, corrector honorario de lo contrahecho y de lo superfluo, esmaltará los frisos de ultratumba con sus móviles figuras de ayuntamiento y de plegaria.

Mas la chanza terrestre impide que este elogio acabe con solemnidad. Las larvas somos incapaces de vivir en serio, porque pertenecemos al melodrama. Y mi ditirambo, ¡oh bailarín!, es el fervor de un lego que no sabe bailar.

JOSÉ DE ARIMATEA

En la simultaneidad sagrada y diabólica del universo, hay ocasiones en que la carne se hipnotiza entre sábanas estériles. Ocurra el fenómeno en cualquiera de las veinticuatro horas, nos penetran el silencio y la soledad, vasos comunicantes en que la naturaleza se pone al nivel del alma.

Una amiga innominada, una amiga de bautizo incierto, yace desnuda, contra la desnudez del varón. Mas un desplome paulatino de las potencias de ambos, les imprime una vida balsámica de momias. En la cabecera, cabecea un halcón. En la mecedora, sobre las ropas revueltas de la pareja, el gato se sacude, con el sobresalto humano de quien va a hundirse en las antesalas soñolientas de la Muerte. Nada se encarniza, nada actúa siquiera. La respiración de ella, que casi no es suya, altérnase con la nuestra, que casi no es nuestra. Dentro de la alcoba, un clima de perla de éter, un esfumarse de algo en ciernes o de algo en fuga. De súbito, al definirse el aguijón vital, brincamos cien leguas, para no vulnerar a la virgen privilegiada con semejante ejecutoria narcótica, a la amiga ungida por José de Arimatea.

LOS SOEZ

ALGUIEN me hablaba de cómo se acentúa la desgarradora fatalidad de lo sucio, reflexionando que sólo el animal lo es. Ante la limpieza de minerales y vegetales, impónese lo soez como la más dolorosa de todas las formas del mal.

Si la ley universal de salvación es la de la línea, ninguna, empero, cae en las aberraciones de la línea humana, trátese de la conducta o de la fisonomía. ¿Existe algún ser más heroico que la mujer en el momento de resistir a la luz? Y, viceversa, ¿hay alguna especie zoológica que envejezca tan trágicamente como la hembra humana? El gesto, convertido en mueca, me ultraja, no ya en mis raíces de poeta, sino en mi propia dignidad moral.

Yo sé que aquí han de sonreír cuantos me han censurado no tener otro tema que el femenino. Pero es que nada puedo entender ni sentir sino a través de la mujer. Por ella, acatando la rima de Gustavo Adolfo, he creído en Dios; sólo por ella he conocido el puñal de hielo del ateísmo. De aquí que a las mismas cuestiones abstractas me llegue con temperamento erótico.

Tierra el sol, tierra el firmamento, tierra la luz… Así me duele el mal cuando despeña al corazón en enigmas tan sórdidos como el de la virgen sepultada, que lo que negó al amante más esclarecido de rostro, de voluntad y de pensamiento, concédelo a la última bestia, a la que no alcanza ni una sospecha de la luz.

El gusano roe virginidades y experiencias. Unos ingenuos blasfeman, otros se destrozan con el silicio. El maniqueo proclama la eternidad del mal. El teólogo ortodoxo pone en silogismos la omnipotencia y la bondad infinita del Increado. Mejor que en imaginar un poder sin límites, me complazco en ver, detrás de la rosa de los vientos, la magna faz de Jesús, afligido porque en la obra del Padre se mezcló un demonio soez.

Y tal ficción no será canónica; pero es el esfuerzo de un ingente amor.

EVA

PORQUE tu pecado sirve a maravilla para explicar el horror de la Tierra, mi amor, creciente cada año, se desboca hacia ti, Madre de las víctimas. Tu corazón, consanguíneo del de la pantera y del ruiseñor, enloqueciéndose ante la ira de Jehová, que te produjo falible y condenable, se desenfrenó con la congoja sumada de los siglos. La espada flamígera te impidió mirar el laicismo pedestre que habría de convertir al verdugo de Abel en símbolo de la energía y de la perseverancia. Pon mi desnudez al amparo de la tuya, con el candor aciago con que ceñiste el filial cadáver cruento. Mi amor te circuye con tal estilo, que cuando te sentiste desnuda, en vez de apelar al follaje de la vid, pudieras haber curvado tu brazo por encima de los milenios para pescar mi corazón. Yo te conjuro, a fin de que vengas, desde la intemperie de la expulsión, a agasajar la inocencia de mis ojos con el arquetipo de tu carne. Puedo merecerlo, por haber llevado la vergüenza alícuota que me viene de ti, con la ufanía de los pigmeos que, en la fábula de nieve, conducen el cadáver cuyas blancas encías envenenó la fruta falaz.

ÍNDICE

POEMAS ESCOGIDOS

DE *LA SANGRE DEVOTA*

DE *ZOZOBRA*

DE *EL SON DEL CORAZÓN*

Poemas escogidos
de RAMÓN LÓPEZ VELARDE
se acabó de imprimir el
10 de octubre de 2024